Todos los libros de Linkgua Ediciones cuentan con modelos de Inteligencia Artificial entrenados por hispanistas. Pregúntale al chat de tu libro lo que desees acerca de la obra o su autor/a.

Para ebooks: Accede a nuestro modelo de IA a través de este enlace.

Para libros impresos: Escanea el código QR de la portada con tu dispositivo móvil.

Obtén análisis detallados de nuestros libros, resúmenes, respuestas a tus preguntas y accede a nuestras ediciones críticas generativas para una experiencia de lectura más enriquecedora.
La transparencia y el respeto hacia la autoría de las fuentes utilizadas son distintivos básicos de nuestro proyecto. Por ello, las respuestas ofrecen, mediante un sistema de citas, las fuentes con las que han sido elaboradas.

Pedro Henríquez Ureña

Ensayos

Barcelona 2024
Linkgua-ediciones.com

Créditos

Título original: Ensayos.

e-mail: info@linkgua.com

Diseño de la colección: Michel Mallard.

ISBN rústica ilustrada: 978-84-9007-511-1.
ISBN tapa dura: 978-84-1126-695-6.
ISBN ebook: 978-84-9953-748-1.

Sumario

Brevísima presentación

La vida

Pedro Henríquez Ureña (1884-1946). República Dominicana.

Hijo de Francisco Henríquez y Carvajal y de la escritora dominicana Salomé Ureña.

Vivió en Cuba, país en que publicó sus primeros textos, luego en México y Francia, donde en 1910 publicó Horas de estudio.

Más tarde ejerció la docencia en los Estados Unidos y Argentina. Allí publicó El nacimiento de Dionisios (1916), En la orilla: mi España (1922), *La utopía de América* (1925), *Seis ensayos en busca de nuestra expresión* (1928), entre otras obras.

Utopía de América

No vengo a hablaros en nombre de la Universidad de México, no solo porque no me ha conferido ella su representación para actos públicos, sino porque no me atrevería a hacerla responsable de las ideas que expondré.[1] Y sin embargo, debo comenzar hablando largamente de México porque aquel país, que conozco tanto como mi Santo Domingo, me servirá como caso ejemplar para mi tesis. Está México ahora en uno de los momentos activos de su vida nacional, momento de crisis y de creación. Está haciendo la crítica de su vida pasada; está investigando qué corrientes de su formidable tradición lo arrastran hacia escollos al parecer insuperables y qué fuerzas serían capaces de empujarlo hacia puerto seguro. Y México está creando su vida nueva, afirmando su carácter propio, declarándose apto para fundar su tipo de civilización.

Advertiréis que no os hablo de México como país joven, según es costumbre al hablar de nuestra América, sino como país de formidable tradición, porque bajo la organización española persistió la herencia indígena, aunque empobrecida. México es el único país del Nuevo Mundo donde hay tradición, larga, perdurable, nunca rota, para todas las cosas, para toda especie de actividades: para la industria minera como para los tejidos, para el cultivo de la astronomía como para el cultivo de las letras clásicas, para la pintura como para la música. Aquél de vosotros que haya visitado una de las exposiciones de arte popular que empiezan a convertirse, para México, en benéfica costumbre, aquél podrá decir qué variedad de tradiciones encontró allí representadas, por ejemplo, en cerámica: la de Puebla, donde

1 Me dirigía al público de la Universidad de La Plata, en 1922.

toma carácter del Nuevo Mundo la loza de Talavera; la de Teotihuacán, donde figuras primitivas se dibujan en blanco sobre negro; la de Guanajuato, donde el rojo y el verde juegan sobre fondo amarillo, como en el paisaje de la región; la de Aguascalientes, de ornamentación vegetal en blanco o negro sobre rojo oscuro; la de Oaxaca, donde la mariposa azul y la flor amarilla surgen, como de entre las manchas del cacao, sobre la tierra blanca; la de Jalisco, donde el bosque tropical pone sobre el fértil barro nativo toda su riqueza de líneas y su pujanza de color. Y aquél de vosotros que haya visitado las ciudades antiguas de México —Puebla, Querétaro, Oaxaca, Morelia, Mérida, León—, aquél podrá decir cómo parecen hermanas, no hijas, de las españolas: porque las ciudades españolas, salvo las extremadamente arcaicas, como Ávila y Toledo, no tienen aspecto medieval sino el aspecto que les dieron los siglos XVI a XVIII, cuando precisamente se edificaban las viejas ciudades mexicanas. La capital, en fin, la triple México —azteca, colonial, independiente—, es el símbolo de la continua lucha y de los ocasionales equilibrios entre añejas tradiciones y nuevos impulsos, conflicto y armonía que dan carácter a cien años de vida mexicana.

Y de ahí que México, a pesar de cuanto tiende a descivilizarlo, a pesar de las espantosas conmociones que lo sacuden y revuelven hasta los cimientos, en largos trechos de su historia, posea en su pasado y en su presente con qué crear o —tal vez más exactamente— con qué continuar y ensanchar una vida y una cultura que son peculiares, únicas, suyas.

Esta empresa de civilización no es, pues, absurda, como lo parecería a los ojos de aquellos que no conocen a México sino a través de la interesada difamación del cinematógrafo y del telégrafo; no es caprichosa, no es mero deseo de *Jouer à l'autochtone*, según la opinión escéptica. No: lo autóctono, en México, es una realidad; y lo autóctono no es solamente la raza indígena, con su formidable dominio sobre todas las actividades del país, la raza de Morelos y de Juárez, de Altamirano y de Ignacio Ramírez: autóctono es eso, pero lo es también el carácter peculiar que toda cosa española asume en México desde los comienzos de la era colonial, así la arquitectura barroca en manos de los artistas de Taxco o de Tepozotlán como la comedia de Lope y Tirso en manos de Don Juan Ruiz de Alarcón.

Con fundamentos tales, México sabe qué instrumentos ha de emplear para la obra en que está empeñado; y esos instrumentos son la cultura y el nacionalismo. Pero la cultura y el nacionalismo no los entiende, por dicha, a la manera del siglo XIX. No sc piensa en la cultura reinante en la era del capital disfrazado de liberalismo, cultura de diletantes exclusivistas, huerto cerrado donde se cultivaban flores artificiales, torre de marfil donde se guardaba la ciencia muerta, como en los museos. Se piensa en la cultura social, ofrecida y dada realmente a todos y fundada en el trabajo: aprender no es solo aprender a conocer sino igualmente aprender a hacer. No debe haber alta cultura, porque será falsa y efímera, donde no haya cultura popular. Y no se piensa en el nacionalismo político, cuya única justificación moral es, todavía, la necesidad de defender el carácter genuino de cada pueblo contra la amenaza de reducirlo a la uniformidad dentro de tipos que solo el espejismo del momento hace aparecer como superiores: se piensa en otro nacionalismo, el espiritual, el que nace de las cualidades de cada pueblo cuando se traducen en arte y pensamiento, el que humorísticamente fue llamado, en el Congreso Internacional de Estudiantes celebrado allí, el nacionalismo de las jícaras y los poemas.

El ideal nacionalista invade ahora, en México, todos los campos. Citaré el ejemplo más claro: la enseñanza del dibujo se ha convertido en cosa puramente mexicana. En vez de la mecánica copia de modelos triviales, Adolfo Best, pintor e investigador —«penetrante y sutil como una espada»—, ha creado y difundido su novísimo sistema, que consiste en dar al niño, cuando comienza a dibujar, solamente los siete elementos lineales de las artes mexicanas, indígenas y populares (la línea recta, la quebrada, el círculo, el semicírculo, la ondulosa, la ese, la espiral) y decirle que los emplee a la manera mexicana, es decir, según reglas derivadas también de las artes de México: así, no cruzar nunca dos líneas sino cuando la cosa representada requiera de modo inevitable el cruce.

Pero al hablar de México como país de cultura autóctona, no pretendo aislarlo en América: creo que, en mayor o menor grado, toda nuestra América tiene parecidos caracteres, aunque no toda ella alcance la riqueza de las tradiciones mexicanas. Cuatro siglos de vida hispánica han dado a nuestra América rasgos que la distinguen.

La unidad de su historia, la unidad de propósito en la vida política y en la intelectual, hacen de nuestra América una entidad, una magna patria, una agrupación de pueblos destinados a unirse cada día más y más. Si conserváramos aquella infantil audacia con que nuestros antepasados llamaban Atenas a cualquier ciudad de América, no vacilaría yo en compararnos con los pueblos, políticamente disgregados pero espiritualmente unidos, de la Grecia clásica y la Italia del Renacimiento. Pero sí me atreveré a compararnos con ellos para que aprendamos, de su ejemplo, que la desunión es el desastre.

Nuestra América debe afirmar la fe en su destino, en el porvenir de la civilización. Para mantenerlo no me fundo, desde luego, en el desarrollo presente o futuro de las riquezas materiales, ni siquiera en esos argumentos, contundentes para los contagiados del delirio industrial, argumentos que se llaman Buenos Aires, Montevideo, Santiago, Valparaíso, Rosario. No, esas poblaciones demuestran que obligados a competir dentro de la actividad contemporánea, nuestros pueblos saben, tanto como los Estados Unidos, crear en pocos días colmenas formidables, tipos nuevos de ciudad que difieren radicalmente del europeo, y hasta acometer, como Río de Janeiro, hazañas no previstas por las urbes norteamericanas. Ni me fundaría, para no dar margen a censuras pueriles de los pesimistas, en la obra, exigua todavía, que representa nuestra contribución espiritual al acervo de la civilización en el mundo, por más que la arquitectura colonial de México, y la poesía contemporánea de toda nuestra América, y nuestras maravillosas artes populares, sean altos valores.

Me fundo solo en el hecho de que, en cada una de nuestras crisis de civilización, es el espíritu quien nos ha salvado, luchando contra elementos en apariencia más poderosos; el espíritu solo, y no la fuerza militar o el poder económico. En uno de sus momentos de mayor decepción, dijo Bolívar que si fuera posible para los pueblos volver al caos, los de la América Latina volverían a él. El temor no era vano: los investigadores de la historia nos dicen hoy que el África central pasó, y en tiempos no muy remotos, de la vida social organizada, de la civilización creadora, a la disolución en que hoy la conocemos y en que ha sido presa fácil de la codicia ajena: el puente fue la guerra incesante. Y el *Facundo* de Sarmiento es la descripción del instante agudo de nuestra lucha entre la luz y el caos, entre la civilización y la barbarie. La barbarie tuvo consigo largo tiempo la fuerza de la espada; pero el espíritu la venció en empeño como de milagro. Por eso hombres magistrales como Sarmiento, como Alberdi, como Bello, como Hostos, son verdaderos creadores o salvadores de pueblos, a veces más que los libertadores de la independencia. Hombres así, obligados a crear hasta sus instrumentos de trabajo, en lugares donde a veces la actividad económica estaba reducida al mínimum de la vida patriarcal, son los verdaderos representativos de nuestro espíritu. Tenemos la costumbre de exigir, hasta al escritor de gabinete, la aptitud magistral: porque la tuvo, fue representativo José Enrique Rodó. Y así se explica que la juventud de hoy, exigente como toda juventud, se ensañe contra aquellos hombres de inteligencia poco amigos de terciar en los problemas que a ella le interesan y en cuya solución pide la ayuda de los maestros.

Si el espíritu ha triunfado, en nuestra América, sobre la barbarie interior, no cabe temer que lo rinda la barbarie de afuera. No nos deslumbre el poder ajeno: el poder es siempre efímero. Ensanchemos el campo espiritual: demos el alfabeto a todos los hombres; demos a cada uno de los instrumentos mejores para trabajar en bien de todos; esforcémonos por acercarnos a la justicia social y a la libertad verdadera; avancemos, en fin, hacia nuestra utopía.

¿Hacia la utopía? Sí: hay que ennoblecer nuevamente la idea clásica. La utopía no es vano juego de imaginaciones pueriles: es una de las magnas creaciones espirituales del Mediterráneo, nuestro gran mar antecesor. El pueblo griego da al mundo occidental la inquietud del perfeccionamiento constante. Cuando descubre que el hombre puede individualmente ser mejor de lo que es y socialmente vivir mejor de como vive, no descansa para averiguar el secreto de toda mejora, de toda perfección. Juzga y compara; busca y experimenta sin descanso; no le arredra la necesidad de tocar a la religión y a la leyenda, a la fábrica social y a los sistemas políticos. Es el pueblo que inventa la discusión, que inventa la crítica. Mira al pasado, y crea la historia; mira al futuro, y crea las utopías.

El antiguo Oriente se había conformado con la estabilidad de la organización social: la justicia se sacrificaba al orden, el progreso a la tranquilidad. Cuando alimentaron esperanzas de perfección —la victoria de Ahura Mazda entre los persas o la venida del Mesías para los hebreos— las situaron fuera del alcance del esfuerzo humano: su realización sería obra de leyes o de voluntades más altas. Grecia cree en el perfeccionamiento de la vida humana por medio del esfuerzo humano. Atenas se dedicó a crear utopías: nadie las revela mejor que Aristófanes; el poeta que las satiriza no solo es capaz de comprenderlas sino que hasta se diría simpatizador de ellas ¡tal es el esplendor con que llega a presentarlas! Poco después de los intentos que atrajeron la burla de Aristófanes, Platón crea, en *La República*, no solo una de las obras maestras de la filosofía y de la literatura, sino también la obra maestra en el arte singular de la utopía.

Cuando el espejismo del espíritu clásico se proyecta sobre Europa, con el Renacimiento, es natural que resurja la utopía. Y desde entonces, aunque se eclipse, no muere. Hoy, en medio del formidable desconcierto en que se agita la humanidad, solo una luz unifica a muchos espíritus: la luz de una utopía, reducida, es verdad, a simples soluciones económicas por el momento, pero utopía al fin, donde se vislumbra la única esperanza de paz entre el infierno social que atravesamos todos.

¿Cuál sería, pues, nuestro papel en estas cosas? Devolverle a la utopía sus caracteres plenamente humanos y espirituales, esforzarnos porque el intento de reforma social y justicia económica no sea el límite de las aspiraciones; procurar que la desaparición de las tiranías económicas concuerde con la libertad perfecta del hombre individual y social, cuyas normas únicas, después del *neminem laedere*, sean la razón y el sentido estético. Dentro de nuestra utopía, el hombre llegará a ser plenamente humano, dejando atrás los estorbos de la absurda organización económica en que estamos prisioneros y el lastre de los prejuicios morales y sociales que ahogan la vida espontánea; a ser, a través del franco ejercicio de la inteligencia y de la sensibilidad, el hombre libre, abierto a los cuatro vientos del espíritu.

¿Y cómo se concilia esta utopía, destinada a favorecer la definitiva aparición del hombre universal, con el nacionalismo antes predicado, nacionalismo de jícaras y poemas, es verdad, pero nacionalismo al fin? No es difícil la conciliación; antes al contrario, es natural. El hombre universal con que soñamos, a que aspira nuestra América, no será descastado: sabrá gustar de todo, apreciar todos los matices, pero será de su tierra; su tierra, y no la ajena, le dará el gusto intenso de los sabores nativos, y ésa será su mejor preparación para gustar de todo lo que tenga sabor genuino, carácter propio. La universalidad no es el descastamiento: en el mundo de la utopía no deberán desaparecer las diferencias de carácter que nacen del clima, de la lengua, de las tradiciones; pero todas estas diferencias, en vez de significar división y discordancia, deberán combinarse como matices diversos de la unidad humana. Nunca la uniformidad, ideal de imperialismos estériles; si la unidad, como armonía de las multánimes voces de los pueblos.

Y por eso, así como esperamos que nuestra América se aproxime a la creación del hombre universal por cuyos labios hable libremente el espíritu, libre de estorbos, libre de prejuicios, esperamos que toda América, y cada región de América, conserve y perfeccione todas sus actividades de carácter original, sobre todo en las artes: las literarias, en que nuestra originalidad se afirma cada día; las plásticas, tanto las mayores como las menores, en que poseemos el doble tesoro, variable según las regiones, de la tradición española y de la tradición indígena, fundidas ya en corrientes nuevas; y las musicales, en que nuestra insuperable creación popular aguarda a los hombres de genio que sepan extraer de ella todo un sistema nuevo que será maravilla del futuro.

Y sobre todo, como símbolos de nuestra civilización para unir y sintetizar las dos tendencias, para conservarlas en equilibrio y armonía, esperemos que nuestra América siga produciendo lo que es acaso su más alta característica: los hombres magistrales, héroes verdaderos de nuestra vida moderna, verbo de nuestro espíritu y creadores de vida espiritual.

La utopía de América, 1925

Patria de la justicia

Nuestra América corre sin brújula en el turbio mar de la humanidad contemporánea. ¡Y no siempre ha sido así! Es verdad que nuestra independencia fue estallido súbito, cataclismo natural: no teníamos ninguna preparación para ella. Pero es inútil lamentarlo ahora: vale más la obra prematura que la inacción; y de todos modos, con el régimen colonial de que llevábamos tres siglos, nunca habríamos alcanzado preparación suficiente: Cuba y Puerto Rico son pruebas. Y con todo, Bolívar, después de dar cima a su ingente obra de independencia, tuvo tiempo de pensar, con el toque genial de siempre, los derroteros que debíamos seguir en nuestra vida de naciones hasta llegar a la unidad sagrada. Paralelamente, en la campaña de independencia, o en los primeros años de vida nacional, hubo hombres que se empeñaron en dar densa sustancia de ideas a nuestros pueblos: así, Moreno y Rivadavia en la Argentina.

Después... Después se desencadenó todo lo que bullía en el fondo de nuestras sociedades, que no eran sino vastas desorganizaciones bajo la apariencia de organización rígida del sistema colonial. Civilización contra barbarie, tal fue el problema, como lo formuló Sarmiento. Civilización o muerte, eran las dos soluciones únicas, como las formulaba Hostos. Dos estupendos ensayos para poner orden en el caos contempló nuestra América, aturdida, poco después de mediar el siglo XIX: el de la Argentina, después de Caseros, bajo la inspiración de dos adversarios dentro una sola fe, Sarmiento y Alberdi, como jefes virtuales de aquella falange singular de activos hombres de pensamiento; el de México con la Reforma, con el grupo de estadistas, legisladores y maestros, a ratos convertidos en guerreros, que se reunió bajo la terca fe patriótica y humana de Juárez. Entre tanto, Chile, único en escapar a estas hondas convulsiones de crecimiento, se organizaba poco a poco, atento a la voz magistral de Bello. Los demás pueblos vegetaron en pueril inconsciencia o padecieron bajo afrentosas tiranías o agonizaron en el vértigo de las guerras fratricidas: males pavorosos para los cuales nunca se descubría el remedio. No faltaban intentos civilizadores, tales como en el Ecuador las campañas de Juan Montalvo en periódico y libro, en Santo Domingo la prédica y la fundación de escuelas, con Hostos y Salomé Ureña; en aquellas tierras invadidas por la cizaña, rendían frutos escasos; pero ellos nos dan la fe: ¡no hay que desesperar de ningún pueblo mientras haya en él diez hombres justos que busquen el bien!

Al llegar el siglo XX, la situación se define, pero no mejora: los pueblos débiles, que son los más en América, han ido cayendo poco a poco en las redes del imperialismo septentrional, unas veces solo en la red económica, otros en doble red económica y política; los demás, aunque no escapan del todo al mefítico influjo del Norte, desarrollan su propia vida —en ocasiones como ocurre en la Argentina, con esplendor material no exento de las gracias de la cultura—. Pero, en los unos como en los otros, la vida nacional se desenvuelve fuera de toda dirección inteligente: por falta de ella no se ha sabido evitar la absorción enemiga; por falta de ella, no se atina a dar orientación superior a la existencia próspera. En la Argentina, el desarrollo de la riqueza, que nació con la aplicación de las ideas de los hombres del 52, ha escapado a todo dominio; enorme tren, de avasallador impulso, pero sin maquinista... Una que otra excepción, parcial, podría mencionarse: el Uruguay pone su orgullo en enseñarnos unas cuantas leyes avanzadas; México, desde la Revolución de 1910, se ha visto en la dura necesidad de pensar sus problemas: en parte, ha planteado los de distribución de la riqueza y de la cultura, y a medias y a tropezones ha comenzado a buscarles solución; pero no toca siquiera a uno de los mayores: convertir al país de minero en agrícola, para echar las bases de la existencia tranquila, del desarrollo normal, libre de los aleatorios caprichos del metal y del petróleo.

Si se quiere medir hasta dónde llega la cortedad de visión de nuestros hombres de estado, piénsese en la opinión que expresaría cualquiera de nuestros supuestos estadistas si se le dijese que la América española debe tender hacia la unidad política. La idea le parecería demasiado absurda para discutirla siquiera. La denominaría, creyendo haberla herido con flecha destructora, una utopía.

Pero la palabra utopía, en vez de flecha destructora, debe ser nuestra flecha de anhelo. Si en América no han de fructificar las utopías, ¿dónde encontrarán asilo? Creación de nuestros abuelos espirituales del Mediterráneo, invención helénica contraria a los ideales asiáticos que solo prometen al hombre una vida mejor fuera de esta vida terrena, la utopía nunca dejó de ejercer atracción sobre los espíritus superiores de Europa; pero siempre tropezó allí con la maraña profusa de seculares complicaciones: todo intento para deshacerlas, para sanear siquiera con gotas de justicia a las sociedades enfermas, ha significado —significa todavía— convulsiones de largos años, dolores incalculables.

La primera utopía que se realizó sobre la Tierra —así lo creyeron los hombres de buena voluntad— fue la creación de los Estados Unidos de América: reconozcámoslo lealmente. Pero a la vez meditemos en el caso ejemplar: después de haber nacido de la libertad, de haber sido escudo para las víctimas de todas las tiranías y espejo para todos los apóstoles del ideal democrático, y cuando acababa de pelear su última cruzada, la abolición de la esclavitud, para librarse de aquel lamentable pecado, el gigantesco país se volvió opulento y perdió la cabeza; la materia devoró al espíritu; y la democracia que se había constituido para bien de todos se fue convirtiendo en la factoría para lucro de unos pocos. Hoy, el que fue arquetipo de libertad, es uno de los países menos libres del mundo.

¿Permitiremos que nuestra América siga igual camino? A fines del siglo XIX lanzó el grito de alerta el último de nuestros apóstoles, el noble y puro José Enrique Rodó: nos advirtió que el empuje de las riquezas materiales amenazaba ahogar nuestra ingenua vida espiritual; nos señaló el ideal de la magna patria, la América española. La alta lección fue oída; con todo, ella no ha bastado, para detenernos en la marcha ciega. Hemos salvado, en gran parte, la cultura, especialmente en los pueblos donde la riqueza alcanza a costearla; el sentimiento de solidaridad crece; pero descubrimos que los problemas tienen raíces profundas.

Debemos llegar a la unidad de la magna patria; pero si tal propósito fuera su límite en sí mismo, sin implicar mayor riqueza ideal, sería uno de tantos proyectos de acumular poder por el gusto del poder, y nada más. La nueva nación sería una potencia internacional, fuerte y temible, destinada a sembrar nuevos terrores en el seno de la humanidad atribulada. No: si la magna patria ha de unirse, deberá unirse para la justicia, para asentar la organización de la sociedad sobre bases nuevas, que alejen del hombre la continua zozobra del hambre a que lo condena su supuesta libertad y la estéril impotencia de su nueva esclavitud, angustiosa como nunca lo fue la antigua, porque abarca a muchos más seres y a todos los envuelve en la sombra del porvenir irremediable.

El ideal de justicia está antes que el ideal de cultura: es superior el hombre apasionado de justicia al que solo aspira a su propia perfección intelectual. Al diletantismo egoísta, aunque se ampare bajo los nombres de Leonardo o de Goethe, opongámosle el nombre de Platón, nuestro primer maestro de utopía, el que entregó al fuego todas sus invenciones de poeta para predicar la verdad y la justicia en nombre de Sócrates, cuya muerte le reveló la terrible imperfección de la sociedad en que vivía. Si nuestra América no ha de ser sino una prolongación de Europa, si lo único que hacemos es ofrecer suelo nuevo a la explotación del hombre por el hombre (y por desgracia, ésa es hasta ahora nuestra única realidad), si no nos decidimos a que ésta sea la tierra de promisión para la humanidad cansada de buscarla en todos los climas, no tenemos justificación: sería preferible dejar desiertas nuestras altiplanicies y nuestras pampas si solo hubieran de servir para que en ellas se multiplicaran los dolores humanos, no los dolores que nada alcanzará a evitar nunca, los que son hijos del amor y la muerte, sino los que la codicia y la soberbia infligen al débil y al hambriento. Nuestra América se justificará ante la humanidad del futuro cuando, constituida en magna patria, fuerte y próspera por los dones de la naturaleza y por el trabajo de sus hijos, dé el ejemplo de la sociedad donde se cumple «la emancipación del brazo y de la inteligencia».

En nuestro suelo nacerá entonces el hombre libre, el que, hallando fáciles y justos los deberes, florecerá en generosidad y en creación.

Ahora, no nos hagamos ilusiones: no es ilusión la utopía, sino el creer que los ideales se realizan sin esfuerzo y sin sacrificio. Hay que trabajar. Nuestro ideal no será la obra de uno o de dos o tres hombres de genio, sino de la cooperación sostenida, llena de fe, de muchos, innumerables hombres modestos; de entre ellos surgirán, cuando los tiempos estén maduros para la acción decisiva, los espíritus directores; si la fortuna nos es propicia, sabremos descubrir en ellos los capitanes y timoneles, y echaremos al mar las naves.

Entre tanto, hay que trabajar con fe, con esperanza todos los días. Amigos míos: a trabajar.

La utopía de América, La Plata, Estudiantina, 1925.

El descontento y la promesa

«Haré grandes cosas: lo que son no lo sé.» Las palabras del rey loco son el mote que inscribimos, desde hace cien años, en nuestras banderas de revolución espiritual. ¿Venceremos el descontento que provoca tantas rebeliones sucesivas? ¿Cumpliremos la ambiciosa promesa?

Apenas salimos de la espesa nube colonial al Sol quemante de la independencia, sacudimos el espíritu de timidez y declaramos señorío sobre el futuro. Mundo virgen, libertad recién nacida, repúblicas en fermento, ardorosamente consagradas a la inmortal utopía: aquí habían de crearse nuevas artes, poesía nueva. Nuestras tierras, nuestra vida libre, pedían su expresión.

La independencia literaria

En 1823, antes de las jornadas de Junín y Ayacucho, inconclusa todavía la independencia política, Andrés Bello proclamaba la independencia espiritual: la primera de sus *Silvas americanas* es una alocución a la poesía, «maestra de los pueblos y los reyes», para que abandone a Europa —luz y miseria— y busque en esta orilla del Atlántico el aire salubre de que gusta su nativa rustiquez. La forma es clásica; la intención es revolucionaria. Con la *Alocución*, simbólicamente, iba a encabezar Juan María Gutiérrez nuestra primera grande antología, la *América poética*, de 1846. La segunda de las *Silvas* de Bello, tres años posterior, al cantar la agricultura de la zona tórrida, mientras escuda tras las pacíficas sombras imperiales de Horacio y de Virgilio el «retorno a la naturaleza», arma de los revolucionarios del siglo XVIII, esboza todo el programa «siglo XIX» del engrandecimiento material, con la cultura como ejercicio y corona. Y no es aquel patriarca, creador de la civilización, el único que se enciende en espíritu de iniciación y profecía: la hoguera anunciadora salta, como la de Agamenón, de cumbre en cumbre, y arde en el campo de victoria de Olmedo, en los gritos insurrectos de Heredia, en las novelas y las campañas humanitarias y democráticas de Fernández de Lizardi, hasta en los cielitos y en los diálogos gauchescos de Bartolomé Hidalgo.

A los pocos años surge otra nueva generación, olvidadiza y descontenta. En Europa, oíamos decir, o en persona lo veíamos, el romanticismo despertaba las voces de los pueblos. Nos parecieron absurdos nuestros padres al cantar en odas clásicas la romántica aventura de nuestra independencia. El romanticismo nos abriría el camino de la verdad, nos enseñaría a completarnos. Así lo pensaba Esteban Echeverría, escaso artista, salvo en uno que otro paisaje de líneas rectas y masas escuetas, pero claro teorizante. «El espíritu del siglo —decía— lleva hoy a las naciones a emanciparse, a gozar de independencia, no solo política, sino filosófica y literaria.» Y entre los jóvenes a quienes arrastró consigo, en aquella generación argentina que fue voz continental, se hablaba siempre de «ciudadanía en arte como en política» y de «literatura que llevara los colores nacionales».

Nuestra literatura absorbió ávidamente agua de todos los ríos nativos: la naturaleza; la vida del campo, sedentaria y nómada; la tradición indígena; los recuerdos de la época colonial; las hazañas de los libertadores; la agitación política del momento... La inundación romántica duró mucho, demasiado; como bajo pretexto de inspiración y espontaneidad protegió la pereza, ahogó muchos gérmenes que esperaba nutrir... Cuando las aguas comenzaron a bajar, no a los cuarenta días bíblicos, sino a los cuarenta años, dejaron tras sí tremendos herbazales, raros arbustos y dos copudos árboles, resistentes como ombúes: el *Facundo* y el *Martín Fierro*.

El descontento provoca al fin la insurrección necesaria: la generación que escandalizó al vulgo bajo el modesto nombre de modernista se alza contra la pereza romántica y se impone severas y delicadas disciplinas. Toma sus ejemplos en Europa, pero piensa en América. «Es como una familia (decía uno de ella, el fascinador, el deslumbrante Martí). Principió por el rebusco imitado y está en la elegancia suelta y concisa y en la expresión artística y sincera, breve y tallada, del sentimiento personal y del juicio criollo y directo.» ¡El juicio criollo! O bien: «A esa literatura se ha de ir: a la que ensancha y revela, a la que saca de la corteza ensangrentada el almendro sano y jugoso, a la que robustece y levanta el corazón de América». Rubén Darío, si en las palabras liminares de *Prosas profanas* detestaba «la vida y el tiempo en que le tocó nacer», paralelamente fundaba la *Revista de América*, cuyo nombre es programa, y con el tiempo se convertía en el autor del yambo contra Roosevelt, del *Canto a la Argentina* y del *Viaje a Nicaragua*. Y Rodó, el comentador entusiasta de *Prosas profanas*, es quien luego declara, estudiando a Montalvo, que «solo han sido grandes en América aquellos que han desenvuelto por la palabra o por la acción un sentimiento americano».

Ahora, treinta años después hay de nuevo en la América española juventudes inquietas, que se irritan contra sus mayores y ofrecen trabajar seriamente en busca de nuestra expresión genuina.

Tradición y rebelión

Los inquietos de ahora se quejan de que los antepasados hayan vivido atentos a Europa, nutriéndose de imitación, sin ojos para el mundo que los rodeaba: olvidan que en cada generación se renuevan, desde hace cien años, el descontento y la promesa. Existieron, sí, existen todavía, los europeizantes, los que llegan a abandonar el español para escribir en francés, o, por lo menos, escribiendo en nuestro propio idioma ajustan a moldes franceses su estilo y hasta piden a Francia sus ideas y sus asuntos. O los hispanizantes, enfermos de locura gramatical, hipnotizados por toda cosa de España que no haya sido trasplantada a estos suelos.

Pero atrevámonos a dudar de todo. ¿Estos crímenes son realmente insólitos e imperdonables? ¿El criollismo cerrado, el afán nacionalista, el multiforme delirio en que coinciden hombres y mujeres hasta de bandos enemigos, es la única salud? Nuestra preocupación es de especie nueva. Rara vez la conocieron, por ejemplo, los romanos: para ellos, las artes, las letras, la filosofía de los griegos eran la norma; a la norma sacrificaron, sin temblor ni queja, cualquier tradición nativa. El *carmen saturnium*, su «versada criolla», tuvo que ceder el puesto al verso de pies cuantitativos; los brotes autóctonos de diversión teatral quedaban aplastados bajo las ruedas del carro que traía de casa ajena la carga de argumentos y formas; hasta la leyenda nacional se retocaba, en la epopeya aristocrática para enlazarla con Ilión; y si pocos escritores se atrevían a cambiar de idioma (a pesar del ejemplo imperial de Marco Aurelio, cuya prosa griega no es mejor que la francesa de nuestros amigos de hoy), el viaje a Atenas, a la desmedrada Atenas de los tiempos de Augusto, tuvo el carácter ritual de nuestros viajes a París, y el acontecimiento se celebraba, como ahora, con el obligado banquete, con odas de despedida como la de Horacio a la nave en que se embarcó Virgilio. El alma romana halló expresión en la literatura, pero bajo preceptos extraños, bajo la imitación, erigida en método de aprendizaje.

Ni tampoco la Edad Media vio con vergüenza las imitaciones. Al contrario: todos los pueblos, a pesar de sus características imborrables, aspiraban a aprender y aplicar las normas que daba la Francia del Norte para la canción de gesta, las leyes del trovar que dictaba Provenza para la poesía lírica; y unos cuantos temas iban y venían de reino en reino, de gente en gente: proezas carolingias, historias célticas de amor y de encantamiento, fantásticas tergiversaciones de la guerra de Troya y las conquistas de Alejandro, cuentos del zorro, danzas macabras, misterios de Navidad y de Pasión, farsas de carnaval... Aun el idioma se acogía, temporal y parcialmente, con la moda literaria: el provenzal, en todo el Mediterráneo latino; el francés, en Italia, con el cantar épico; el gallego, en Castilla, con el cantar lírico. Se peleaba, sí, en favor del idioma propio, pero contra el latín moribundo, atrincherado en la Universidad y en la Iglesia, sin sangre de vida real, sin el prestigio de las Cortes o de las fiestas populares. Como excepción, la Inglaterra del siglo XIV echa abajo el frondoso árbol francés plantado allí por el conquistador del XI.

¿Y el Renacimiento? El esfuerzo renaciente se consagra a buscar, no la expresión característica, nacional ni regional, sino la expresión del arquetipo, la norma universal y perfecta. En descubrirla y definirla concentran sus empeños Italia y Francia, apoyándose en el estudio de Grecia y Roma, arca de todos los secretos. Francia llevó a su desarrollo máximo este imperialismo de los paradigmas espirituales. Así, Inglaterra y España poseyeron sistemas propios de arte dramático, el de Shakespeare, el de Lope (improvisador genial, pero débil de conciencia artística, hasta pedir excusas por escribir a gusto de sus compatriotas); pero en el siglo XVIII iban plegándose a las imposiciones de París: la expresión del espíritu nacional solo podía alcanzarse a través de fórmulas internacionales.

Sobrevino al fin la rebelión que asaltó y echó a tierra el imperio clásico, culminando en batalla de las naciones, que se peleó en todos los frentes, desde Rusia hasta Noruega y desde Irlanda hasta Cataluña. El problema de la expresión genuina de cada pueblo está en la esencia de la revolución romántica, junto con la negación de los fundamentos de toda doctrina retórica, de toda fe en «las reglas del arte» como la clave de la creación estética. Y, de generación en generación, cada pueblo afila y aguza sus teorías nacionalistas, justamente en la medida en que la ciencia y la máquina multiplican las uniformidades del mundo. A cada concesión práctica va unida una rebelión ideal.

El problema del idioma

Nuestra inquietud se explica. Contagiados, espoleados, padecemos aquí en América urgencia romántica de expresión. Nos sobrecogen temores súbitos: queremos decir nuestra palabra antes de que nos sepulte no sabemos qué inminente diluvio.

En todas las artes se plantea el problema. Pero en literatura es doblemente complejo. El músico podría, en rigor sumo, si cree encontrar en eso la garantía de originalidad, renunciar al lenguaje tonal de Europa: al hijo de pueblos donde subsiste el indio —como en el Perú y Bolivia— se le ofrece el arcaico pero inmarcesible sistema nativo, que ya desde su escala pentatónica se aparta del europeo. Y el hombre de países donde prevalece el espíritu criollo es dueño de preciosos materiales, aunque no estrictamente autóctonos: música traída de Europa o de África, pero impregnadas del sabor de las nuevas tierras y de la nueva vida, que se filtra en el ritmo y el dibujo melódico.

Y en artes plásticas cabe renunciar a Europa, como en el sistema mexicano de Adolfo Best, construido sobre los siete elementos lineales del dibujo azteca, con franca aceptación de sus limitaciones. O cuando menos, si sentimos excesiva tanta renuncia, hay sugestiones de muy varia especie en la obra del indígena, en la del criollo de tiempos coloniales que hizo suya la técnica europea (así, con esplendor de dominio, en la arquitectura), en la popular de nuestros días, hasta en la piedra y la madera y la fibra y el tinte que dan las tierras natales.

De todos modos, en música y en artes plásticas es clara la partición de caminos: o el europeo, o el indígena, o en todo caso el camino criollo indeciso todavía y trabajoso. El indígena representa quizás empobrecimiento y limitación, y para muchos, a cuyas ciudades nunca llega el antiguo señor del terruño, resulta camino exótico: paradoja típicamente nuestra. Pero, extraños o familiares, lejanos o cercanos, el lenguaje tonal y el lenguaje plástico de abolengo indígena son inteligibles.

En literatura, el problema es complejo, es doble: el poeta, el escritor, se expresan en idioma recibido de España. Al hombre de Cataluña o de Galicia le basta escribir su lengua vernácula para realizar la ilusión de sentirse distinto del castellano. Para nosotros esta ilusión es fruto vedado o inaccesible. ¿Volver a las lenguas indígenas? El hombre de letras, generalmente, las ignora, y la dura tarea de estudiarlas y escribir en ellas lo llevaría a la consecuencia final de ser entendido entre muy pocos, a la reducción inmediata de su público. Hubo, después de la conquista, y aún se componen, versos y prosas en lengua indígena, porque todavía existen enormes y difusas poblaciones aborígenes que hablan cien —si no más— idiomas nativos; pero raras veces se anima esa literatura con propósitos lúcidos de persistencia y oposición. ¿Crear idiomas propios, hijos y sucesores del castellano? Existió hasta años atrás —grave temor de unos y esperanza loca de otros— la idea de que íbamos embarcados en la aleatoria tentativa de crear idiomas criollos. La nube se ha disipado bajo la presión unificadora de las relaciones constantes entre los pueblos hispánicos. La tentativa, suponiéndola posible, habría demandado siglos de cavar foso tras foso entre el idioma de Castilla y los germinantes en América, resignándonos con heroísmo franciscano a una rastrera, empobrecida expresión dialectal mientras no apareciera el Dante creador de alas y de garras. Observemos, de paso, que el habla gauchesca del Río de la Plata, sustancia principal de aquella disipada nube, no lleva en sí diversidad suficiente para erigirla siquiera en dialecto como el de León o el de Aragón: su leve matiz la aleja demasiado poco de Castilla, y el *Martín Fierro* y el *Fausto* no son ramas que disten del tronco lingüístico más que las coplas murcianas o andaluzas.

No hemos renunciado a escribir en español, y nuestro problema de la expresión original y propia comienza ahí. Cada idioma es una cristalización de modos de pensar y de sentir, y cuanto en él se escribe se baña en el color de su cristal. Nuestra expresión necesitará doble vigor para imponer su tonalidad sobre el rojo y el gualda.

Las fórmulas del americanismo

Examinemos las principales soluciones propuestas y ensayadas para el problema de nuestra expresión en literatura. Y no se me tache prematuramente de optimista cándido porque vaya dándoles aprobación provisional a todas: al final se verá el porqué.

Ante todo, la naturaleza. La literatura descriptiva habrá de ser, pensamos durante largo tiempo, la vez del Nuevo Mundo. Ahora no goza de favor la idea: hemos abusado en la aplicación; hay en nuestra poesía romántica tantos paisajes como en nuestra pintura impresionista. La tarea de describir, que nació del entusiasmo, degeneró en hábito mecánico. Pero ella ha educado nuestros ojos: del cuadro convencional de los primeros escritores coloniales, en quienes solo de raro en raro asomaba la faz genuina de la tierra, como en las serranías peruanas del Inca Garcilaso, pasamos poco a poco, y finalmente llegamos, con ayuda de Alexander von Humboldt y de Chateaubriand, a la directa visión de la naturaleza. De mucha olvidada literatura del siglo XIX sería justicia y deleite arrancar una vivaz colección de paisajes y miniaturas de fauna y flora. Basta detenernos a recordar para comprender, tal vez con sorpresa, cómo hemos conquistado, trecho a trecho, los elementos pictóricos de nuestra pareja de continentes y hasta el aroma espiritual que se exhala de ellos: la colosal montaña; las vastas altiplanicies de aire fino y luz tranquila donde todo perfil se recorta agudamente; las tierras cálidas del trópico, con sus marañas de selvas, su mar que asorda y su luz que emborracha; la pampa profunda; el desierto «inexorable y hosco». Nuestra atención al paisaje engendra preferencias que hallan palabras vehementes: tenemos partidarios de la llanura y partidarios de la montaña. Y mientras aquéllos, acostumbrados a que los ojos no tropiecen con otro límite que el horizonte, se sienten oprimidos por la vecindad de las alturas, como Miguel Cané en Venezuela y Colombia, los otros se quejan del paisaje «demasiado llano», como el personaje de la *Xaimaca* de Güiraldes, o bien, con voluntad de amarlo, vencen la inicial impresión de monotonía y desamparo y cuentan cómo, después de largo rato de recorrer la pampa, ya no la vemos: vemos otra pampa que se nos ha hecho en el espíritu (Gabriela Mistral). O acerquémonos al espectáculo de la zona tórrida: para el nativo es rico en luz, calor y color, pero lánguido y lleno de molicie; todo se le deslíe en largas contemplaciones, en plásticas sabrosas, en danzas lentas:

> y en las ardientes noches del estío
> la bandola y el canto prolongado
> que une su estrofa al murmurar del río...

Pero el hombre de climas templados ve el trópico bajo deslumbramiento agobiador: así lo vio Mármol en el Brasil, en aquellos versos célebres, mitad ripio, mitad hallazgo de cosa vivida; así lo vio Sarmiento en aquel breve y total apunte de Río de Janeiro:

> Los insectos son carbunclos o rubíes, las mariposas plumillas de oro flotantes, pintadas las aves, que engalanan penachos y decoraciones fantásticas, verde esmeralda la vegetación, embalsamadas y púrpuras las flores, tangible la luz del cielo, azul cobalto el aire, doradas a fuego las nubes, roja la tierra y las arenas entremezcladas de diamantes y de topacios.

A la naturalezasumamos el primitivo habitante. ¡Ir al indio! Programa que nace y renace en cada generación, bajo muchedumbre de formas en todas las artes. En literatura, nuestra interpretación del indígena ha sido irregular y caprichosa. Poco hemos agregado a aquella fuerte visión de los conquistadores como Hernán Cortés, Ercilla, Cieza de León, y de los misioneros como fray Bartolomé de las Casas. Ellos acertaron a definir dos tipos ejemplares, que Europa acogió e incorporó a su repertorio de figuras humanas: el «indio hábil y discreto», educado en complejas y exquisitas civilizaciones propias, singularmente dotado para las artes y las industrias, y el «salvaje virtuoso», que carece de civilización mecánica, pero vive en orden, justicia y bondad, personaje que tanto sirvió a los pensadores europeos para crear la imagen del hipotético hombre del «estado de naturaleza» anterior al contrato social. En nuestros cien años de independencia, la romántica pereza nos ha impedido dedicar mucha atención a aquellos magníficos imperios cuya interpretación literaria exigiría previos estudios arqueológicos; la falta de simpatía humana nos ha estorbado para acercarnos al superviviente de hoy, antes de los años últimos, excepto en casos como el memorable de los *Indios ranqueles*; y al fin, aparte del libro impar y delicioso de Mansilla, las mejores obras de asunto indígena se han escrito en países como Santo Domingo y el Uruguay, donde el aborigen de raza pura persiste apenas en rincones lejanos y se ha diluido en recuerdo sentimental. «El espíritu de los hombres flota sobre la tierra en que vivieron, y se le respira», decía Martí.

Tras el indio, el criollo. El movimiento criollista ha existido en toda la América española con intermitencias, y ha aspirado a recoger las manifestaciones de la vida popular, urbana y campestre, con natural preferencia por el campo. Sus límites son vagos: en la pampa argentina, el criollo se oponía al indio, enemigo tradicional, mientras en México, en la América Central, en toda la región de los Andes y su vertiente del Pacífico, no siempre existe frontera perceptible entre las costumbres de carácter criollo y las de carácter indígena. Así mezcladas las reflejan en la literatura mexicana los romances de Guillermo Prieto y el *Periquillo* de Lizardi, despertar de la novela en nuestra América, a la vez que despedida de la picaresca española. No hay país donde la existencia criolla no inspire cuadros de color peculiar. Entre todas, la literatura argentina, tanto en el idioma culto como en el campesino, ha sabido apoderarse de la vida del gaucho en visión honda como la pampa. *Facundo Quiroga*, *Martín Fierro*, *Santos Vega*, son figuras definitivamente plantadas dentro del horizonte ideal de nuestros pueblos. Y no creo en la realidad de la querella de *Fierro* contra Quiroga. Sarmiento, como civilizador, urgido de acción, atenaceado por la prisa, escogió para el futuro de su patria el atajo europeo y norteamericano en vez del sendero criollo, informe todavía, largo, lento, interminable tal vez, o desembocado en callejón sin salida; pero nadie sintió mejor que él los soberbios ímpetus, la acre originalidad de la barbarie que aspiraba a destruir. En tales oposiciones y en tales decisiones está el Sarmiento aquilino: la mano inflexible escoge; el espíritu amplio se abre a todos los vientos ¿Quién comprendió mejor que él a España, la España cuyas malas herencias quiso arrojar al fuego, la que visitó «con el santo propósito de levantarle el proceso verbal», pero que a ratos le hacía agitarse en ráfagas de simpatía? ¿Quién anotó mejor que él las limitaciones de los Estados Unidos, de esos Estados Unidos cuya perseverancia constructora exaltó a modelo ejemplar?

Existe otro americanismo, que evita al indígena, y evita el criollismo pintoresco, y evita el puente intermedio de la era colonial, lugar de cita para muchos antes y después de Ricardo Palma: su precepto único es ceñirse siempre al Nuevo Mundo en los temas, así en la poesía como en la novela y el drama, así en la crítica como en la historia. Y para mí, dentro de esa fórmula sencilla como dentro de las anteriores, hemos alcanzado, en momentos felices, la expresión vívida que perseguimos. En momentos felices, recordémoslo.

El afán europeizante

Volvamos ahora la mirada hacia los europeizantes, hacia los que, descontentos de todo americanismo con aspiraciones de sabor autóctono, descontentos hasta de nuestra naturaleza, nos prometen la salud espiritual si mantenemos recio y firme el lazo que nos ata a la cultura europea. Creen que nuestra función no será crear, comenzando desde los principios, yendo a la raíz de las cosas, sino continuar, proseguir, desarrollar sin romper tradiciones ni enlaces.

Y conocemos los ejemplos que invocarían, los ejemplos mismos que nos sirvieron para rastrear el origen de nuestra rebelión nacionalista: Roma, la Edad Media, el Renacimiento, la hegemonía francesa del siglo XVIII... Detengámonos nuevamente ante ellos. ¿No tendrán razón los arquetipos clásicos contra la libertad romántica de que usamos y abusamos? ¿No estará el secreto único de la perfección en atenernos a la línea ideal, que sigue desde sus remotos orígenes la cultura de Occidente? Al criollista que se defienda —acaso la única vez en su vida— con el ejemplo de Grecia, será fácil demostrarle que el milagro griego, si más solitario, más original que las creaciones de sus sucesores, recogía vetustas herencias: ni los griegos vienen de la nada; Grecia, madre de tantas invenciones, aprovechó el trabajo ajeno, retocando y perfeccionando, pero, en su opinión, tratando de acercarse a los cánones, a los paradigmas que otros pueblos, antecesores suyos o contemporáneos, buscaron con intuición confusa.[2]

2 Víctor Bérard, el helenista revolucionario, llega a pensar que la epopeya homérica fue «producto del genio nacional y fruto lentamente madurado de largos esfuerzos nativos, pero también brusco resultado de influencias y de los modelos exóticos: ¿en todo país y en todo arte no aparecen los grandes nombres en la encrucijada de una tra-

Todo aislamiento es ilusorio. La historia de la organización espiritual de nuestra América, después de la emancipación política, nos dirá que nuestros propios orientadores fueron, en momento oportuno, europeizantes: Andrés Bello, que desde Londres lanzó la declaración de nuestra independencia literaria, fue motejado de europeizante por los proscriptos argentinos veinte años después, cuando organizaba la cultura chilena; y los más violentos censores de Bello, de regreso en su patria, habían de emprender en su turno tareas de europeización, para que ahora se lo afeen los devotos del criollismo puro.

Apresurémonos a conceder a los europeizantes todo lo que les pertenece, pero nada más, y a la vez tranquilicemos al criollista. No solo sería ilusorio el aislamiento —la red de las comunicaciones lo impide—, sino que tenemos derecho a tomar de Europa todo lo que nos plazca: tenemos derecho a todos los beneficios de la cultura occidental. Y en literatura —ciñéndonos a nuestro problema— recordemos que Europa estará presente, cuando menos, en el arrastre histórico del idioma.

Aceptemos francamente como inevitable, la situación compleja: al expresarnos habrá en nosotros, junto a la porción sola, nuestra, hija de nuestra vida, a veces con herencia indígena, otra porción substancial, aunque solo fuere el marco, que recibimos de España. Voy más lejos: no solo escribimos el idioma de Castilla, sino que pertenecemos a la Romania, la familia románica que constituye todavía una comunidad, una unidad de cultura, descendiente de la que Roma organizó bajo su potestad; pertenecemos —según la repetida frase de Sarmiento— al Imperio Romano. Litera-

---

dición nacional y de una intervención extranjera?» (*L'Odyssée*, texto y traducción, Parías, 1924).

riamente, desde que adquieren plenitud de vida las lenguas romances, a la Romania nunca le ha faltado centro, sucesor de la Ciudad Eterna: del siglo XI al XIV fue Francia, con oscilaciones iniciales entre Norte y Sur; con el Renacimiento se desplaza a Italia; luego, durante breve tiempo, tiende a situarse en España; desde Luis XIV vuelve a Francia. Muchas veces la Romania ha extendido su influjo a zonas extranjeras, y sabemos cómo París gobernaba a Europa, y de paso a las dos Américas, en el siglo XVIII pero desde los comienzos del siglo XIX se definen, en abierta y perdurable oposición, zonas rivales: la germánica, suscitadora de la rebeldía; la inglesa, que abarca a Inglaterra con su imperio colonial, ahora en disolución, y a los Estados Unidos; la eslava... Hasta políticamente hemos nacido y crecido en la Romania. Antonio Caso señala con eficaz precisión los tres acontecimientos de Europa cuya influencia es decisiva sobre nuestros pueblos: el Descubrimiento, que es acontecimiento español; el Renacimiento, italiano; la Revolución, francés. El Renacimiento da forma en España —solo a medias— a la cultura que iba a ser trasplantada a nuestro mundo; la Revolución es el antecedente de nuestras guerras de independencia. Los tres acontecimientos son de pueblos románicos. No tenemos relación directa con la Reforma, ni con la evolución constitucional de Inglaterra, y hasta la independencia y la Constitución de los Estados Unidos alcanzan prestigio entre nosotros merced a la propaganda que de ellas hizo Francia

La energía nativa

Concedido todo eso, que es todo lo que en buen derecho ha de reclamar el europeizante, tranquilicemos al criollo fiel recordándole que en la existencia de la Romania como unidad, como entidad colectiva de cultura, y la existencia del centro orientador, no son estorbos definitivos para ninguna originalidad, porque aquella comunidad tradicional afecta solo a las formas de la cultura, mientras que el carácter original de los pueblos viene de su fondo espiritual, de su energía nativa.

Fuera de momentos fugaces en que se ha adoptado con excesivo rigor una fórmula estrecha, por excesiva fe en la doctrina retórica, o durante períodos en que una decadencia nacional de todas las energías lo ha hecho enmudecer, cada pueblo se ha expresado con plenitud de carácter dentro de la comunidad imperial. Y en España, dentro del idioma central, sin acudir a los rivales, las regiones se definen a veces con perfiles únicos en la expresión literaria. Así, entre los poetas, la secular oposición entre Castilla y Andalucía, el contraste entre fray Luis de León y Fernando de Herrera, entre Quevedo y Góngora, entre Espronceda y Bécquer.

El compartido idioma no nos obliga a perdernos en la masa de un coro cuya dirección no está en nuestras manos: solo nos obliga a acendrar nuestra nota expresiva, a buscar el acento inconfundible. Del deseo de alcanzarlo y sostenerlo nace todo el rompecabezas de cien años de independencia proclamada; de ahí las fórmulas de americanismo, las promesas que cada generación escribe, solo para que la siguiente las olvide o las rechace, y de ahí la reacción, hija del inconfesado desaliento, en los europeizantes.

El ansia de perfección

Llegamos al término de nuestro viaje por el palacio confuso, por el fatigoso laberinto de nuestras aspiraciones literarias, en busca de nuestra expresión original y genuina. Y a la salida creo volver con el oculto hilo que me sirvió de guía.

Mi hilo conductor ha sido el pensar que no hay secreto de la expresión sino uno: trabajarla hondamente, esforzarse en hacerla pura, bajando hasta la raíz de las cosas que queremos decir; afinar, definir, con ansia de perfección.

El ansia de perfección es la única forma. Contentándonos con usar el ajeno hallazgo, del extranjero o del compatriota, nunca comunicaremos la revelación íntima; contentándonos con la tibia y confusa enunciación de nuestras intuiciones, las desvirtuaremos ante el oyente y le parecerán cosa vulgar. Pero cuando se ha alcanzado la expresión firme de una intuición artística, va en ella, no solo el sentido universal, sino la esencia del espíritu que la poseyó y el sabor de la tierra de que se ha nutrido.

Cada fórmula de americanismo puede prestar servicios (por eso les di a todas aprobación provisional); el conjunto de las que hemos ensayado nos da una suma de adquisiciones útiles, que hacen flexible y dúctil el material originario de América. Pero la fórmula, al repetirse, degenera en mecanismo y pierde su prístina eficacia; se vuelve receta y engendra una retórica.

Cada grande obra de arte crea medios propios y peculiares de expresión; aprovecha las experiencias anteriores, pero las rehace, porque no es una suma, sino una síntesis, una invención. Nuestros enemigos, al buscar la expresión de nuestro mundo, son la falta de esfuerzo y la ausencia de disciplina, hijos de la pereza y la incultura, o la vida en perpetuo disturbio y mudanza, llena de preocupaciones ajenas a la pureza de la obra: nuestros poetas, nuestros escritores, fueron las más veces, en parte son todavía, hombres obligados a la acción, la faena política y hasta la guerra, y no faltan entre ellos los conductores e iluminadores de pueblos.

El futuro

Ahora, en el Río de la Plata cuando menos, empieza a constituirse la profesión literaria. Con ella debiera venir la disciplina, el reposo que permite los graves empeños. Y hace falta la colaboración viva y clara del público: demasiado tiempo ha oscilado entre la falta de atención y la excesiva indulgencia. El público ha de ser exigente; pero ha de poner interés en la obra de América. Para que haya grandes poetas, decía Walt Whitman, ha de haber grandes auditorios.

Solo un temor me detiene, y lamento turbar con una nota pesimista el canto de esperanzas. Ahora que parecemos navegar en dirección hacia el puerto seguro, ¿no llegaremos tarde? ¿El hombre del futuro seguirá interesándose en la creación artística y literaria, en la perfecta expresión de los anhelos superiores del espíritu? El occidental de hoy se interesa en ellas menos que el de ayer, y mucho menos que el de tiempos lejanos. Hace cien, cincuenta años, cuando se auguraba la desaparición del arte, se rechazaba el agüero con gestos fáciles: «siempre habrá poesía». Pero después —fenómeno nuevo en la historia del mundo, insospechado y sorprendente— hemos visto surgir a existencia próspera sociedades activas y al parecer felices, de cultura occidental, a quienes no preocupa la creación artística, a quienes les basta la industria, o se contentan con el arte reducido a procesos industriales: Australia, Nueva Zelanda, aun el Canadá. Los Estados Unidos ¿no habrán sido el ensayo intermedio? Y en Europa, bien que abunde la producción artística y literaria, el interés del hombre contemporáneo no es el que fue. El arte había obedecido hasta ahora a dos fines humanos: uno, la expresión de los anhelos profundos, del ansia de eternidad, del utópico y siempre renovado sueño de la vida perfecta;

otro, el juego, el solaz imaginativo en que descansa el espíritu. El arte y la literatura de nuestros días apenas recuerdan ya su antigua función trascendental; solo nos va quedando el juego... Y el arte reducido a diversión, por mucho que sea diversión inteligente, pirotecnia del ingenio, acaba en hastío.

No quiero terminar en tono pesimista. Si las artes y las letras no se apagan, tenemos derecho a considerar seguro el porvenir. Trocaremos en arca de tesoros la modesta caja donde ahora guardamos nuestras escasas joyas, y no tendremos por qué temer el sello ajeno del idioma en que escribimos, porque para entonces habrá pasado a estas orillas del Atlántico el eje espiritual del mundo español.

La Nación, Buenos Aires, 29 de agosto de 1926. *Seis ensayos en busca de nuestra expresión*, 1928

La influencia de la revolución en la vida intelectual de México

Hay en la historia de México, después de su independencia, dos grandes movimientos de transformación social: la Reforma, inspirada en la orientación liberal, que se extiende de 1855 a 1867; el reciente que todos llaman la Revolución, el cual empieza en 1910 y se consolida hacia 1920.

La Revolución ha ejercido extraordinario influjo sobre la vida intelectual, como sobre todos los órdenes de actividad en aquel país. Raras veces se ha ensayado determinar las múltiples vías que ha invadido aquella influencia; pero todos convienen, cuando menos, en la nueva fe, que es el carácter fundamental del movimiento: la fe en la educación popular, la creencia de que toda la población del país debe ir a la escuela, aun cuando este ideal no se realice en pocos años, ni siquiera en una generación.

Esta fe significa una actitud enteramente nueva ante el problema de la educación pública. No que la teoría de la educación popular fuese desconocida antes. Al contrario: tan pronto como México comenzó a salir, hace más de cien años, del medievalismo de la época colonial, entró en circulación la teoría de la educación popular como fundamento esencial de la democracia. Fernández de Lizardi, el célebre Pensador Mexicano, que murió en 1827, fue ardoroso campeón de la idea, y hasta esperaba que la multitud de sus propias publicaciones, bajo la forma de novelas, dramas, folletos, revistas y calendarios, estimularan en el pueblo el deseo de leer. Desde que la lucha de independencia terminó (en 1821), fue creciendo paulatinamente el número de escuelas públicas y privadas; todo hombre que podía permitírselo asistía a la escuela, y hasta llegó a considerarse indispensable que las mujeres no fuesen iletradas (recuérdese que en la época colonial, hasta fines del siglo XVIII, muchos creían peligroso para las mujeres el aprender a leer y escribir). Pero la educación popular, durante cien años, existió en México principalmente como teoría: en la práctica, la asistencia escolar estaba limitada a las minorías cuyos recursos económicos les permitían no trabajar desde la infancia; entre los pobres verdaderos, muy pocos cruzaban el vado de las primeras letras. ¡Los devotos de la educación popular (hombres como Justo Sierra, que fue Secretario de Instrucción Pública hacia el final del régimen de Porfirio Díaz) nunca lograron comunicar su fe al hombre de la calle ¡ni siquiera al gobierno!

Hay que recordar que hasta el comienzo del siglo XIX, la América Latina, a pesar de sus imprentas, vivía bajo una organización medieval de la sociedad y dentro de una idea medieval de la cultura. Nada recordaba la Edad Media tanto como sus grandes Universidades (tales, las de Santo Domingo, la de México, la de Lima): allí, el latín era el idioma de las cátedras; la teología era la asignatura principal; el derecho era el romano o el eclesiástico, nunca el estatuto vivo del país; la medicina se enseñaba con textos árabes, y de cuando en cuando el regreso a Hipócrates significaba una renovación. Saber leer y escribir era, como en la Europa de la Edad Media, habilidad estrictamente profesional, comparable a la de tallar madera o fabricar loza. Según observa Charles Péguy, los pueblos protestantes comenzaron a leer después de la Reforma, los pueblos católicos desde la Revolución Francesa. Así se comprende cómo hubieron de pasar cien años para que una nación se diera cuenta de que la educación popular no es un sueño utópico sino una necesidad real y urgente. Eso es lo que México ha descubierto durante los últimos quince años, como resultado de las insistentes demandas de la Revolución.

El programa de trabajo emprendido por Vasconcelos de 1920 a 1924 es la cristalización de estas aspiraciones populares.[3] De hoy en adelante, ningún gobierno podrá desatender la instrucción del pueblo.

El nuevo despertar intelectual de México, como de toda la América Latina en nuestros días, está creando en el país la confianza en su propia fuerza espiritual. México se ha decidido a adoptar la actitud de discusión, de crítica, de prudente discernimiento, y no ya de aceptación respetuosa, ante la producción intelectual y artística de los países extranjeros; espera, a la vez, encontrar en las creaciones de sus hijos las cualidades distintivas que deben ser la base de una cultura original.

El preludio de esta liberación está en los años de 1906 a 1911. En aquel período, bajo el gobierno de Díaz, la vida intelectual de México había vuelto a adquirir la rigidez medieval, si bien las ideas eran del siglo XIX, «muy siglo XIX». Toda *Weltanschauung* estaba predeterminada, no ya por la teología de Santo Tomás o de Duns Escoto, sino por el sistema de las ciencias modernas interpretado por Comte, Mill y Spencer; el positivismo había reemplazado al escolasticismo en las escuelas oficiales, y la verdad no existía fuera de él. En teoría política y económica, el liberalismo del siglo XVIII se consideraba definitivo. En la literatura, a la tiranía del «modelo clásico» había sucedido la del París moderno. En

3 No me detengo a explicar en sus pormenores la obra de Vasconcelos, porque es conocida aquí; basta recordar que sus principios han sido tres: difusión, de la cultura elemental, con el propósito de extinguir el analfabetismo, ayudando a la escuela con la multiplicación de las pequeñas bibliotecas públicas; difusión de la enseñanza industrial y técnica, para mejorar la vida económica del país; orientación de nacionalismo «espiritual», y de hispanoamericanismo, sobre todo en la enseñanza artística.

la pintura, en la escultura, en la arquitectura, las admirables tradiciones mexicanas, tanto indígenas como coloniales, se habían olvidado: el único camino era imitar a Europa. ¡Y qué Europa: la de los deplorables salones oficiales! En música, donde faltaba una tradición nacional fuera del canto popular, se creía que la salvación estaba en Leipzig.

Pero en el grupo a que yo pertenecía, el grupo en que me afilié a poco de llegar de mi patria (Santo Domingo) a México, pensábamos de otro modo. Éramos muy jóvenes (había quienes no alcanzaran todavía los veinte años) cuando comenzamos a sentir la necesidad del cambio. Entre muchos otros, nuestro grupo comprendía a Antonio Caso, Alfonso Reyes, José Vasconcelos, Acevedo el arquitecto, Rivera el pintor. Sentíamos la opresión intelectual, junto con la opresión política y económica de que ya se daba cuenta gran parte del país. Veíamos que la filosofía oficial era demasiado sistemática, demasiado definitiva para no equivocarse. Entonces nos lanzamos a leer a todos los filósofos a quienes el positivismo condenaba como inútiles, desde Platón, que fue nuestro mayor maestro, hasta Kant y Schopenhauer. Tomamos en serio (¡oh blasfemia!) a Nietzsche. Descubrimos a Bergson, a Boutroux, a James, a Croce. Y en la literatura no nos confinamos dentro de la Francia moderna. Leímos a los griegos, que fueron nuestra pasión. Ensayamos la literatura inglesa. Volvimos, pero a nuestro modo, contrariando toda receta, a la literatura española, que había quedado relegada a las manos de los académicos de provincia. Atacamos y desacreditamos las tendencias de todo arte *pompier*: nuestros compañeros que iban a Europa no fueron ya a inspirarse en la falsa tradición de las academias, sino a contemplar directamente las grandes creaciones y a observar el libre juego de las tendencias novísimas; al volver, estaban en aptitud de descubrir todo lo que daban de sí la tierra nativa y su glorioso pasado artístico.

Bien pronto nos dirigimos al público en conferencias, artículos, libros (pocos) y exposiciones de arte. Nuestra juvenil revolución triunfó, superando todas nuestras esperanzas... Nuestros mayores, después de tantos años de reinar en paz, se habían olvidado de luchar. Toda la juventud pensaba como nosotros. En 1909, antes de que cayera el gobierno de Díaz, Antonio Caso fue llamado a una cátedra de la que hoy es Universidad Nacional, y su entrada allí significó el principio del fin. Cuando Madero llegó al poder, en 1911, los principales representantes del antiguo pensamiento oficial —que eran en su mayoría personajes políticos del antiguo régimen— se retiraron de la Universidad, y su influencia se desvaneció...

Desgraciadamente, eso no quería decir que al primer triunfo político de la Revolución (1911) se modificaran y adoptaran orientaciones modernas en el mundo universitario de México, ni menos en la vida intelectual y artística del país en su conjunto. El proceso hubo de ser más lento. Las actividades de nuestro grupo no estaban ligadas (salvo la participación de uno que otro de sus miembros) a las de los grupos políticos, y no había entrado en nuestros planes el asaltar las posiciones directivas en la educación pública, para las cuales creíamos no tener edad suficiente (¡después los criterios han cambiado!); solo habíamos pensado hasta entonces en la renovación de las ideas. Habíamos roto una larga opresión, pero éramos pocos, y no podíamos sustituir a los viejos maestros en todos los campos... La Universidad se reorganizó como pudo, y de esta imperfección inicial no ha podido curarse todavía. Nuestra única conquista fundamental, en la vida universitaria de entonces, fue el estímulo que dio Antonio Caso a la libertad filosófica.

Poco después, afortunadamente, tuvimos ocasión de dar nuevo impulso a la actividad universitaria. La Universidad no gozaba del favor político, y carecía de medios para organizar los estudios de ciencias puras y de humanidades. En 1913, el doctor Chávez, hombre del antiguo régimen que ha vívido en esfuerzo continuo de adaptación a tendencias nuevas, se echó a buscar el concurso de hombres avanzados, dispuestos a trabajar gratuitamente en la organización de la Escuela de Altos Estudios: la mayoría de los profesores la dio entonces nuestro grupo, y así nacieron, con éxito resonante, los cursos de Humanidades y de Ciencias.

Nuestro grupo, además, constituido en Ateneo desde 1909, había fundado en 1911 la Universidad Popular Mexicana, en cuyos estatutos figuraba la norma de no aceptar nunca ayuda de los gobiernos: esta institución duró diez años, atravesando ilesa las peores crisis del país, gracias al tesón infatigable de su rector, Alfonso Pruneda, y contó con auditorios muy variados: entre los obreros difundió, en particular, conocimientos de higiene; y de sus conferencias para el público culto nacieron libros importantes, de Caso y de Mariscal, entre otros.

Entre tanto, la agitación política que había comenzado en 1910 no cesaba, sino que se acrecentaba de día en día, hasta culminar en los años terribles de 1913 a 1916, años que hubieron dado fin a toda vida intelectual a no ser por la persistencia en el amor de la cultura que es inherente a la tradición latina. Mientras la guerra asolaba el país, y hasta los hombres de los grupos intelectuales se convertían en soldados, los esfuerzos de renovación espiritual, aunque desorganizados, seguían adelante. Los frutos de nuestra revolución filosófica, literaria y artística iban cuajando gradualmente. Faltaba solo renovar, en el mundo universitario, la ideología jurídica y económica, en consonancia con la renovación que en estos órdenes precisamente traía la Revolución. Hacia 1920 se hace franco el cambio de orientación en la enseñanza de la sociología, la economía política y el derecho. Esta transformación se debe a hombres todavía más jóvenes que nosotros, hombres que apenas alcanzan ahora los treinta años: Manuel Gómez Morín, a quien se debe en su mayor parte la nueva coordinación del plan de estudios jurídicos en la Universidad; Vicente Lombardo Toledano, cuyas *Definiciones de derecho público* se inspiran en la escuela de Duguit; Daniel Cosío Villegas, cuyo intento de hacer sociología aplicada al país (*Apuntes de sociología mexicana*) encuentra franca acogida; Alfonso Caso, Daniel Quirós, y otros.

Durante años, México estuvo solo, entregado a sus propios recursos espirituales. Sus guerras civiles que parecían inaplacables, la hostilidad frecuente de los capitalistas y los gobernantes de los Estados Unidos, finalmente el conflicto europeo, dejaron al país aislado. Sus únicos amigos, los países de la América Latina, estaban demasiado lejos o demasiado pobres para darle ayuda práctica. Con este aislamiento, que hubiera enseñado confianza en sí misma a cualquier nación de mucho menos fibra, México se dio cuenta de que podía sostenerse sin ayuda ajena, en caso necesario. Ejemplo curioso: gusta mucho en México la ópera, pero las revoluciones del país y la Guerra europea eran causas más que suficientes para que ningún grupo de cantantes se aventurara a ir allí; entonces, en la capital mexicana se organizaron compañías de ópera, con artistas del país, y a veces dos de ellas daban representaciones simultáneas en la capital.

¿Cuál ha sido el resultado? Ante todo, comprender que las cuestiones sociales de México, sus problemas políticos, económicos y jurídicos, son únicos en su carácter y no han de resolverse con la simple imitación de métodos extranjeros, así sean los ultraconservadores de los Estados Unidos contemporáneos o los ultramodernos del Soviet Ruso.

Después, la convicción de que el espíritu mexicano es creador, como cualquier otro. Es dudoso que, sin el cambio de la atmósfera espiritual, se hubieran producido libros de pensamiento original como *El suicida* de Alfonso Reyes, *El monismo estético* de José Vasconcelos, o *La existencia como economía, como desinterés y como caridad*, de Antonio Caso; investigaciones como la obra monumental dirigida por Manuel Gamio sobre la población del Valle de Teotihuacán o el estudio de Adolfo Best Maugard sobre los elementos lineales y los cánones del dibujo en el arte mexicano, tanto en el antiguo como en el popular de nuestros días; interpretaciones artísticas del espíritu mexicano como los frescos de Diego Rivera y sus secuaces.

Existe hoy el deseo de preferir los materiales nativos y los temas nacionales en las artes y en las ciencias, junto con la decisión de crear métodos nuevos cuando los métodos europeos resulten insuficientes ante los nuevos problemas. En el arte pictórico, la justicia de esta decisión está comprobada: por una parte, la obra formidable de Rivera, con su vasta representación de la vida mexicana en su pintura mural de la Secretaría de Educación Pública y de la Escuela de Agricultura, ha arrastrado consigo a la mayoría de los pintores jóvenes enseñándolos a ver su tierra; y es justo reconocer que el intento mexicanista comienza, con menos vigor, pero no sin aciertos de estilo, en la Sala de las Discusiones Libres decorada bajo la dirección de Roberto Montenegro: tienen las vidrieras de los ventanales, especialmente, el mérito de ser en todo mexicanas, desde los cartones que les sirvieron de modelos hasta los procedimientos de ejecución material; por otra parte, la reforma de la enseñanza del dibujo iniciada por Adolfo Best Maugard (continuada luego bajo la dirección de Manuel Rodríguez Lozano) representa el más certero hallazgo sobre las características esenciales del arte de una raza de América: el dibujo mexicano, que desde las altas creaciones del genio indígena en su civilización antigua ha seguido viviendo hasta nuestros días a través de las preciosas artes del pueblo, está constituido por siete elementos (línea recta, línea quebrada, círculo, semicírculo, ondulosa, ese y espiral), que se combinan en series estáticas o dinámicas (petatillos y grecas), con la norma peculiar de que nunca deben cruzarse dos líneas, y pueden servir, en combinación libre, para toda especie de representaciones y decoraciones.

La arquitectura no se queda atrás. Con Jesús T. Acevedo y Federico Mariscal se abre, en 1913, el movimiento en favor del estudio de la tradición colonial mexicana; lo continúan artistas a historiadores como Manuel Romero de Terreros; diez años después, los barrios nuevos de la capital, entregados antes al culto del hotel afrancesado y del chalet suizo, están llenos de edificios en que la antigua arquitectura del país reaparece adaptándose a fines nuevos; edificios fáciles de reconocer, no solo por el interesante barroquismo de sus líneas, sino por sus materiales mexicanos, el tezontle rojo oscuro y la chiluca gris, o a veces, además, el azulejo: ellos devuelven a la ciudad su carácter propio, sumándose a los suntuosos palacios de los barrios viejos.

En la música no se ha hecho tanto: mucho menos que en la América del Sur. Es general el interés que inspiran los cantos populares; todo el mundo los canta, así como se deleita con la alfarería y los tejidos populares; y se cantan en las escuelas oficiales, con el fin de fundar la enseñanza musical en el arte nativo, como se hace en el dibujo. Pero no hay todavía gusto o discernimiento para la música popular, ni oficial ni particularmente, como los hay para las artes plásticas. Ni siquiera se establece la distinción esencial entre la legítima canción del pueblo y el simple aire populachero fabricado por músicos bien conocidos de las ciudades. A partir de la obra de Manuel M. Ponce, compositor prolífico, precursor tímido, que comenzó a estudiar los aires populares hacia 1910, nace el interés, y va creciendo gradualmente. Ahora existen intentos de llegar al fondo de la cuestión, especialmente en la obra de Carlos Chávez Ramírez, compositor joven que ha sabido plantear el problema de la música mexicana desde su base, es decir, desde la investigación de la tonalidad. Hay, además, singulares posibilidades en la orquesta típica, conjunto nada europeo de instrumentos de orígenes diversos: cabe pensar cómo interesaría a Stravinski o a Falla.

En la literatura, los cambios recientes son mucho menores que en la arquitectura o la pintura. No es que falten orientaciones nuevas, como en música: es que la literatura ha alcanzado siempre en México carácter original, aun en los períodos de mayor influencia europea, y el espíritu mexicano ha impreso su sello peculiar a la obra literaria desde los tiempos de don Juan Ruiz de Alarcón y sor Juana Inés de la Cruz. En el período actual, el de la Revolución, después que nuestro grupo predicara la libre incursión en todas las literaturas, fuera de la sujeción a la *dernière mode française*, se advierte, eso sí, nueva audacia en los escritores, especialmente en el orden filosófico (como antes dije). Según era de esperar, los temas nacionales están nuevamente en boga. En poesía, Ramón López Velarde, muerto antes de la madurez en 1921, puso matices originales en la interpretación de asuntos provincianos y se levantó a la visión de conjunto en *Suave pa-*

tria; tras él ha ido buena parte de la legión juvenil. En otros campos, la novela y el cuento ¿que llevan cien años de tratar temas mexicanos? empiezan a multiplicarse: como ejemplo característico cabe señalar las novelas cortas que compone Xavier Icaza bajo el título de *Gente mexicana*. Los temas coloniales aparecen continuamente: citaré, entre las obras mejores de su especie, el *Visionario de la Nueva España*, de Genaro Estrada. Abundan los intentos de teatro nacional, que hasta ahora solo gozan del favor público en las formas breves de sainete, zarzuela y revista, pero que no carecen de interés en el tipo de «obras serias»: tales, entre otros, los «dramas sintéticos» con asunto rural, de Eduardo Villaseñor y de Rafael Saavedra, que escribe para campesinos indios, estimulándolos a convertirse en actores. Ahora, y en ellos ejerce buen influjo el ejemplo argentino, el deseo de constituir el teatro nacional ha llevado a los jóvenes a organizarse en una asociación activa y fervorosa.

Para el pueblo, en fin, la Revolución ha sido una transformación espiritual. No es solo que se le brinden mayores oportunidades de educarse es que el pueblo ha descubierto que posee derechos, y entre ellos el derecho de educarse. Sobre la tristeza antigua tradicional, sobre la «vieja lágrima» de las gentes del pueblo mexicano, ha comenzado a brillar una luz de esperanza. Ahora juegan y ríen como nunca lo hicieron antes. Llevan alta la cabeza. Tal vez el mejor símbolo del México actual es el vigoroso fresco de Diego Rivera en donde, mientras el revolucionario armado detiene su cabalgadura para descansar, la maestra rural aparece rodeada de niños y de adultos, pobremente vestidos como ella, pero animados con la visión del futuro.

Revista de Ciencias Jurídicas y Sociales, Sporatti Piñero en *Obra crítica*, México, Fondo de Cultura Económica, 1960, señala que quizás sea posterior a 1924.

La Sociología de Hostos

Antes que pensador contemplativo, Eugenio María de Hostos fue un maestro y un apóstol de la acción, cuya vida inmaculada y asombrosamente fecunda es un ejemplo verdaderamente superhumano. Nacido en Puerto Rico, se educó en España, en la época del krausismo; no solo estudió las ciencias, sino también la filosofía clásica, los pensadores alemanes, los positivistas y su pedagogía; y cuando empezaba a distinguirse entre la juventud intelectual de la metrópoli,[4] prefirió, a un porvenir seguro de triunfos y de universal renombre, el oscuro pero redentor trabajo en pro de la tierra americana, y se lanzó a laborar por la independencia de Cuba, por la dignificación de Puerto Rico, por la educación en Santo Domingo. Pedagogo era en verdad, y en Santo Domingo y después en Chile se agigantó y multiplicó como difundidor de su instrucción. Luchó hasta el fin, hasta cuando más destrozos hizo en su espíritu la colosal tormenta que azotaba las Antillas, la parte que más amó de su América. Al morir en 1903, dejó publicados dieciocho volúmenes e inédito un enorme material de escritos literarios y científicos. Solo dos de sus grandes obras doctrinales publicó en vida: la *Moral social* y el *Derecho constitucional.* El *Tratado de Sociología* inicia la serie póstuma que se completará con otros trabajos monumentales: la *Psicología*, la *Moral individual*, la *Ciencia* y la *Historia* de la *Pedagogía*, el *Derecho penal*, y tantos más.

El volumen de *Sociología* comprende dos tratados: el primero, que es el más importante, data de 1901; el segundo, que se ofrece como resumen del anterior, es un esbozo, un

4 En su reciente «episodio nacional», Prim, Pérez Galdós recuerda la presencia de Hostos en el Ateneo de Madrid. Sus ideas sociológicas y jurídicas están comentadas en obras de Azcárate, de Posada y otros españoles.

conjunto de breves nociones, y data de 1883. Estas nociones fueron escritas para el Curso superior de la Escuela Normal de Santo Domingo: a pesar de que hoy todavía se discute en muchas universidades si la sociología debe ser admitida en los programas, Hostos la había incluido, hace más de veinte años, en la enseñanza de los maestros dominicanos. Aunque inéditas, siguieron estas lecciones sirviendo de texto o de norma para el estudio de la sociología en la escuela citada, hasta que en 1901 Hostos, de regreso de Chile, tras una ausencia de doce años, dictó el *Tratado* más extenso.

Por haberse escrito para escuela de estudios no especializados, esta obra no alcanza las proporciones de los vastos cuerpos de doctrina en que generalmente se exponen los nuevos sistemas o teorías, y por las condiciones en que fue compuesta y publicada, sin la revisión del autor, presenta algunos detalles oscuros. Pero es una obra cuya importancia sería difícil exagerar; cuanto le falta en extensión, tanto gana en intensidad, y su exposición, tan lógica y concisa como rica de datos, lleva notable ventaja a la minuciosa y redundante exposición de casi todos los teorizantes de la sociología.

El mérito original de este trabajo es tanto mayor, cuanto que, en el momento en que Hostos escribió las primeras *Nociones*, la ciencia social distaba mucho de su actual estado de febril elaboración: había él estudiado las obras de Comte y de Spencer, y los comentarios de Littré y de Mill, como también los pensamientos de los precursores, desde Aristóteles hasta Hegel; pero debía conocer poco de los trabajos, entonces recientes, de Schaffle y Lilienfeld, Fouillée y De Roberty, y aún nada habían escrito los otros contemporáneos fundadores de sistemas sociológicos.

Hostos comienza el primer grupo de lecciones señalando el lugar que ocupa la sociología (el último) entre las ciencias, y la define como ciencia abstracta que abarca todo el orden superorgánico, después de establecer dos clasificaciones de los conocimientos: una, metodológica, que los divide en abstractos y concretos, siguiendo a Comte, con escasa diferencia en los enunciados y otra, ideológica, que los refiere a los tres órdenes de evolución deslindados por Spencer.

Luego traza los orígenes de la ciencia social, y fija su método («el inductivo-deductivo, porque su verdadero procedimiento es el experimental»); induce, de las experiencias históricas, «la realidad de la vida colectiva del ser humano, la igualdad de la naturaleza del ser colectivo en todos los tiempos y lugares, y su igual conducta en igualdad de circunstancias y en todo lo esencial a su naturaleza»; y, apoyándose en observaciones de hechos importantes, formula seis leyes fundamentales; Sociabilidad, Trabajo, Libertad, Progreso, Conservación y Civilización o Ley del Ideal, que son productoras, cuanto las leyes positivas de la sociedad están en correlación con ellas, del verdadero orden social.

Para terminar, divide la sociología en teórica y práctica; al esbozar el objeto de la primera, define la Sociedad como ser u organismo viviente cuyos órganos son seis: el Individuo, la Familia, el Municipio, la Región, la Nación y la Humanidad; y analiza brevemente las teorías sociológicas conocidas en aquel momento: la individualista y la socialista, demasiado exclusivas; la sociocrática de Comte, que condena por apriorística, y la orgánica, que propone como la más aceptable, con reservas, y que es totalmente diversa del organicismo de Spencer. «Consiste en afirmar que la sociedad es una ley a que el hombre nace sometido por la naturaleza, a cuyos preceptos está obligado a vivir sometido, en tal modo que, mejorando a cada paso su existencia, contribuye a desarrollar y mejorar la de la sociedad.»

El segundo y verdadero *Tratado* presenta estas ideas con algunas adiciones y más extenso y variado desarrollo: se compone de dos libros, *Sociología teórica* y *Sociología expositiva*, precedidos por una *Introducción metodológica*, en la cual se explica la necesidad de emplear un método que, principiando en la intuición, llegue por la inducción y la deducción a la sistematización, y se traza el plan de la ciencia. Siguiendo este plan, la *Sociología teórica* aparece con cuatro fases: la Intuitiva, que forma el concepto de la Sociedad como «una realidad viva, un ser viviente la Inductiva, cuya conclusión, después de examinadas y clasificadas las funciones de la vida social, es que "hay leyes naturales de la Sociedad, porque hay un orden social que es necesario"»; la Deductiva, que formula las leyes (una constitutiva, la de Sociabilidad, una de procedimiento, la Ley de los Medios, y cinco orgánicas o funcionales: Trabajo, Libertad, Progreso, Ideal y Conservación); y la Sistemática, que demuestra la verdad de esas leyes por el estudio de las relaciones de los fenómenos sociales entre sí y con los fenómenos cósmicos.

El Libro II, mucho más extenso que el I, presenta la sociología expositiva dividida en cuatro ciencias: una general, Socionomía o sociología propiamente dicha, que examina las leyes ya nombradas, da su enunciado, y estudia el orden que de ellas se deriva; y tres ciencias de aplicación: Sociografía, general, que estudia los estados sociales (salvajismo, barbarie, semibarbarie, semicivilización y civilización, no alcanzada aún verdaderamente por ningún pueblo) y la evolución de las funciones (trabajo, gobierno, educación, religión y moral, y conservación), y particular, que describe la evolución y la vida del individuo (célula primordial), la Familia (que Hostos considera, al modo de Schaffle, como la célula social completa), la Tribu y la Gente, y determina la potencia de la sociedad para realizar el orden relativo como fin de sus actividades; sociorganología, estudio de los órganos de la sociedad (Individuo, Familia, Municipio, Región y Nación), y sus respectivos consejos u órganos institucionales, con una explicación del procedimiento adecuado para organizar los Estados, desde el Doméstico hasta el Internacional, concepción de una probable realidad futura; y por último, Sociopatía, estudio de las enfermedades de la sociedad, con sus correspondientes Higiene y Terapéutica sociales.

Hostos aparece en el *Tratado fundamental de Sociología* —del cual excluyó la historia de la ciencia y la discusión de las teorías— aún más original e independiente que en el primer esbozo. Desde luego, gusta de las designaciones organicistas, y aun de los procedimientos del organicismo apellidado naturalista o fisiológico; pero nada más: define la sociedad como ser viviente —concepto que cabe dentro de la idea general de organismo— sin buscarle sistemáticamente analogías con los seres biológicos ni precisar la diferenciación de órganos, pues los cinco que describe (desde el Individuo hasta la Nación) ejecutan indistinta y simultáneamente todas las funciones.

El más alto mérito de Hostos como sociólogo se basa en su concepción de siete leyes que rigen toda la vida superorgánica, aunque el enunciado de ellas (esto es: «la descripción de su modo de actuar») sea más o menos discutible. Otros sociólogos han formulado leyes: generalmente han errado, por haber pretendido, unos, reducirlas a un principio único y exclusivo; otros, multiplicarlas con exceso; otros aún, hacerlas abarcar demasiado.

La ley fundamental de la sociología hostosiana es incontestable: la Sociabilidad, cuyo origen busca él más en la necesidad que en el admirable concepto de la «conciencia de especie» desarrollado por Giddings y ya antes esbozado por Darwin, que ve en la simpatía la base del instinto social, base a su vez del sentido moral.

La ley de los Medios, designada como de procedimiento, y tres de las leyes orgánicas, la de Trabajo, la de Libertad y la de Progreso (tomado éste en el sentido de evolución, no de progreso indefinido), se fundan en verdades axiomáticas. Y las dos últimas leyes, el Ideal y la Conservación, se fundan en verdades de capital importancia que Comte había estudiado ya y que recientemente han servido de base a dos importantes teorías sociológicas: la concepción de las ideas —fuerzas de Fouillée— y el principio de la supervivencia de lo social, formulado por Lester Ward.

Como queda indicado, Hostos da a las leyes sociales un fundamento de necesidad: aun a la que podría parecer menos necesaria, la del Ideal, la relaciona con la armonía universal, y afirma que de la observación de esta armonía derivará el hombre, siempre y forzosamente, una enseñanza directriz de su vida.

> Aun cuando la lógica espontánea —dice— no estableciera una relación de medio a fin entre cada habitante de un mundo y ese mundo, bastaría la benéfica influencia de la armonía de todas las cosas entre sí para que en el alma de los seres surgiera como producto natural del medio ambiente, el Ideal de Bien, la secreta aspiración de las grandes...

En su filosofía fundamental, Hostos es determinista: acepta como absolutas y necesarias las leyes cósmicas. Como en sociología admite la libertad como producto de la vida individual. Reconoce, pues, la individualidad, la «idea directora de cada organismo», según la expresión de Claude Bernard, como irreductible a las leyes sociológicas —problema que llevó a Tarde a construir su monadismo, colocando en los cimientos de su sociología una concepción metafísica que, contra la insuficiencia de la explicación ensayada por Spencer con su teoría de la «instabilidad de lo homogéneo» declara que «la única manera de explicar la florescencia de las diversidades exuberantes de los fenómenos consiste en admitir que existen en el fondo de todas las cosas infinitos elementos de carácter individual».

> Esa propiedad que llamamos Libertad —dice Hostos— es el modo natural de hacer las cosas... la tendencia a imponer nuestro propio modo de ser a nuestro modo de proceder... A medida que se medite en esta íntima correlación de nuestros actos humanos con nuestra constitución psíquica, iremos viendo la naturaleza, necesidad y propiedad de este proceder; procedemos así porque está en la naturaleza de nuestro ser... Cuanta más conciencia tenemos de las funciones físicas y psíquicas de nuestro ser, tanto más vigorosamente nos apegamos a este modo natural de hacer las cosas.

Hostos no es, en verdad, el único determinista prudente de la sociología: desde Comte hasta De Greef, y a pesar de las críticas de Spencer, inflexible en lo que un escritor francés llama su «fatalismo optimista», no escasean los sociólogos que conceden a la sociedad el poder, dentro de los límites naturales, de regular y modificar las condiciones de su propia existencia. Hostos se inclinaba decididamente a ese criterio. Considera la voluntad humana como agente perturbador que suele obstar a la realización del orden que debe resultar del eficaz cumplimiento de las leyes naturales de la sociedad, pero agente al cual es posible reducir, por medio de la educación, de la civilización, al cumplimiento de esas mismas leyes; y cree, por otra parte, que en este momento de la evolución histórica, «el hombre es ya adulto de razón y hasta se le puede considerar adulto de conciencia», y, en tal virtud, debe ya comenzar a regir sus actos individuales y colectivos por la interpretación de las verdades que ha descubierto.

Por lo tanto, y pese a haber sido Hostos un pensador que, con todo su grande amor a la verdad («Dadme la verdad y os doy el mundo»), amó mucho más el bien, y estimó la ciencia como «una virtualidad que tiende a la acción» según la frase de Varona, y que debe servir al perfeccionamiento humano, es justo que su *Tratado de Sociología* resulte obra de tendencias prácticas al mismo tiempo que de constitución científica.

Como es natural en tan elevado y generoso espíritu, Hostos encuentra vicioso en casi todas sus partes el sistema de vida de la sociedad actual; a cada paso descubre un defecto, censura con indignación un error, plantea un problema: cuándo, es la mala organización de los poderes de gobierno, especialmente la rudimentaria del electoral; luego, la falta de cohesión de la familia, «que está ahora en el principio de su evolución»; más tarde, las tendencias agresivas de las naciones fuertes; y frecuentísimamente los múltiples yerros de los pueblos latinoamericanos, a quienes presento en otros escritos el terrible dilema: «Civilización o Muerte».

Contra cada mal, indica un procedimiento regenerador: en este respecto, pocos libros contemporáneos hay que contengan tantas enseñanzas provechosas como su *Sociología* y su luminosa *Moral social*. Los remedios que propone no son los de las teorías socialistas corrientes: la solución de los problemas humanos piensa que la dará siempre no una revolución, «barrido extemporáneo de basura», sino el conocimiento exacto de las leyes naturales del mundo y de la sociedad, que permitirá determinar «la cantidad de bien ya realizado y los medios del bien por realizar».

Su concepción del posible porvenir social está condensada en el párrafo en que analiza las probabilidades de la civilización, después de indicar que ésta nunca llega a ser un estado definido, puesto que más bien es un propósito: «El desarrollo omnilateral, simultáneo y concurrente de todos los órganos y funciones de una sociedad cualquiera, sería lo único capaz de producir a un mismo tiempo, como expresión, como signo de ese desarrollo, los tres caracteres que acabamos de analizar (el industrialismo, el intelectualismo y el moralismo). Probablemente, esa concurrencia de todos los órganos y de todas las funciones en el desenvolvimiento social será imposible, a menos que en el transcurso de los tiempos, en el aumento de razón común, en el aumento de la voluntad por la moral, en el predominio universal de la conciencia, llega a poder suceder que el hombre colectivo sea a la vez un trabajador completo, un discurridor correcto y un realizador puntual de las virtudes del trabajo y de la razón.»

La Habana, 1905.

Literatura de Santo Domingo

La isla de Santo Domingo —territorio dividido ahora entre dos naciones pequeñas, la República Dominicana, de idioma español, y la República de Haití, de idioma francés— antes del Descubrimiento estuvo poblada en su mayor parte por indios pacíficos que hablaban una de las muchas lenguas de la familia arahuaca, el taíno: solo habían alcanzado cultura rudimentaria; su lengua desapareció, legando unos centenares de palabras al castellano de las Antillas, y de su poesía solo quedan noticias. El «areíto» —palabra que los españoles pronunciaron después «areito»— era su danza cantada; a juzgar por las descripciones del padre Las Casas y de Oviedo, los había rituales, históricos, festivos.[5]

En países como México, Guatemala, el Perú, la poesía, la música, la danza, las representaciones dramáticas de los indios sobrevivieron y a veces se mezclaron con las que trajo el español. Nada de eso sucedió —que sepamos— en Santo Domingo. Los comienzos de literatura de que puede ocuparse la historia hay que buscarlos en los escritos de descubridores y conquistadores. La literatura de idioma castellano comienza para Santo Domingo con el *Diario del viaje* de Colón, en el extracto del padre Las Casas, y con las cartas —a los Reyes Católicos y a Sánchez y Santángel— en que narra el Descubrimiento. Contienen descripciones vivaces. Entre 1493 y 1494, el médico andaluz Diego Álvarez Chanca, en carta al Cabildo de Sevilla, da las primeras descripciones de fauna y flora de América, con intento de precisión científica; poco

5 Es invención tardía, probablemente, el areíto de Anacaona, con música de corte europeo y palabras ininteligibles, que no tienen aire taíno. De Anacaona, esposa del cacique de Maguana, sí sabemos que componía y dirigía areítos.

después el jerónimo catalán fray Román Pané recoge observaciones sobre creencias religiosas de los indios.

En diez años, los españoles sojuzgan con poco esfuerzo a los indios, y para 1505 tienen fundadas diecisiete poblaciones de tipo europeo, sin contar las fortalezas: la Isla Española vino a ser el centro de la transplantada cultura occidental durante treinta años, y su principal ciudad, Santo Domingo, fundada en 1496, será la capital del Mar Caribe hasta mediados del siglo XVIII. Pronto se establece allí el gobierno general de América: de 1509 a 1526, Diego Colón, el hijo del Descubridor, es virrey de las Indias con asiento en Santo Domingo; después de su muerte, la corona de España suprime el virreinato y divide la administración de las nuevas tierras. Santo Domingo, con su Real Audiencia, ejercía jurisdicción sobre las islas del Mar Caribe y parte de la costa septentrional de la América del Sur. Jurisdicción semejante ejerce, en el orden eclesiástico, su arquidiócesis (obispado en 1503; arzobispado en 1545), primada de las Indias, y, en la cultura intelectual, su Universidad de Santo Tomás de Aquino, el antiguo colegio de los frailes dominicos, que desde 1538 adquiere categoría universitaria: junto a ella existió, con menor brillo, la de Santiago de la Paz, fundada en 1540. La ciudad se llamó Atenas del Nuevo Mundo. Albergó, a veces largo tiempo, a los grandes exploradores y conquistadores: Hernán Cortés —que fue escribano en la Villa de Azua—, Diego Velázquez de Cuéllar, Juan Ponce de León, Rodrigo de Bastidas, Alonso de Hojeda, Vasco Núñez de Balboa, Pedro de Alvarado, Francisco Pizarro, Alvar Núñez Cabeza de Vaca. Hubo allí eminentes obispos y arzobispos, desde el humanista italiano Alessandro Geraldini (1455-1524), a quien debemos los primeros versos en latín escritos en el Nuevo Mundo, hasta fray Fernando de Carvajal y Rivera (1633-1701), buen prosador conceptista. El Convento de Predicadores tuvo vida gloriosa: dos de sus fundadores, fray Pedro de Córdoba y fray Antón de Montesinos, abrieron la campaña en favor de los indios; el episodio de los dos memorables sermones iniciales del padre Montesinos está contado en la *Historia de las Indias*, del padre Las Casas. De allí salieron los fundadores de multitud de conventos en América: entre ellos, fray Domingo de Betanzos, fray Tomás Ortiz, fray Tomás de Torre, fray Tomás de San Martín, fray Tomás de Berlanga, fray Pedro de Angulo. Allí se inicia en la predicación fray Alonso de Cabrera, uno de los grandes oradores del siglo XVI. Allí profesó fray Bartolomé de las Casas, que recogió como herencia la campaña de los fundadores. El Convento de la Merced dio albergue al creador de Don Juan, Tirso de Molina, que allí ejerció de maestro cerca de tres años (1616-1618). Hubo también erasmistas, como Lázaro Bejarano, y hasta protestantes.

De los muchos escritores europeos que allí vivieron, los más unidos a la isla, los que más largamente escribieron sobre ella, fueron fray Bartolomé de las Casas (1474-1566), con su *Historia de las Indias* y su *Apologética historia* y Gonzalo Fernández de Oviedo (1479-1557), con su *Historia general y natural de las Indias* y el *Sumario* que la precedió (1526).

Desde el siglo XVI la isla produce escritores: los principales, fray Alonso de Espinosa, de quien solo sabemos que comentó el salmo *Eructauit cor meum...*;[6] el canónigo Cris-

6 Largo tiempo se le ha confundido con su homónimo complutense, que recibió el hábito dominico en Guatemala y escribió en Las Canarias el libro *Del origen y milagros de la Santa Imagen de Nuestra Señora de Candelaria que apareció en la isla de Tenerife, con la descripción de esta isla*, publicado en Sevilla, 1594. Don Agustín Millares dice haber comprobado que nació en Alcalá de Henares, según afirmaba fray Juan de Marietta. No puede identificársele, como lo hacía Nicolás Antonio, con el nativo de Santo Domingo. Y ninguno de los dos es, como se creía, «el primer americano que publicó libro».

tóbal de Liendo (1527-1584), hijo del arquitecto montañés Rodrigo Gil de Liendo; el predicador fray Alonso Pacheco, provincial de los agustinos en el Perú; el mercedario erasmista fray Diego Ramírez; el padre Cristóbal de Llerena, de quien nos queda un agudo entremés, que fue representado en la Catedral (1588) y contiene acerbas críticas de la vida pública de la colonia; las más antiguas poetisas de América, doña Elvira de Mendoza y Sor Leonor de Ovando (escribía desde antes de 1580; vivía aún en 1609), que sabía ascender hasta el más afinado conceptismo devoto:

> Y sé que por mí sola padeciera
> y a mí sola me hubiera redimido
> si sola en este mundo me criara

Del siglo XVII conservamos pocos escritos, pero muchos nombres de escritores: entre ellos, Tomás Rodríguez de Sosa, Luis Jerónimo de Alcocer, fray Diego Martínez, Baltasar Fernández de Castro, Tomasina de Leiva y Mosquera. Según Isaiah Thomas, el bibliógrafo norteamericano, entonces se introdujo allí la imprenta; pero solo se conocen impresos dominicanos muy posteriores.

En el siglo XVIII se distinguen Pedro Agustín Morell de Santa Cruz (1694-1768), autor del primer bosquejo, escrito en rica prosa, de *Historia de la isla y Catedral de Cuba*, donde fue obispo y tuvo valerosa actitud, bien recordada ante los ingleses que invadieron La Habana en 1762; el padre Antonio Sánchez Valverde (1729-1790) que, en su tratado *El Predicador* (Madrid 1782) intenta corregir los entonces frecuentes abusos de la oratoria sagrada (eran los tiempos de «fray Gerundio»), y que en su *Idea del valor de la Isla Española* (Madrid, 1785) aboga en favor de su tierra, descuidada por la metrópoli; Jacobo de Villaurrutia (1757-1833), polígrafo a quien interesaron muchas de las grandes y de las pequeñas cuestiones humanas y la situación de los obreros hasta el progreso del teatro y de la prensa: sus variadas publicaciones abarcan desde una selección de pensamientos de Marco Aurelio (Madrid, 1786), hasta la traducción de una novela inglesa de Frances Sheridan (Alcalá de Henares, 1792); con Carlos María de Bustamante fundó el primer *Diario de México* (1805).

De 1795 a 1844 la isla sufre graves trastornos. Consecuencias: la porción francesa, Saint-Domingue, se hace independiente bajo el nombre de Haití (1804); la porción española, Santo Domingo, se hace independiente en 1821, la invaden los haitianos, recobra la independencia en 1844, y toma el nombre de República Dominicana. Durante esos cincuenta años de convulsión hubo emigraciones numerosas, principalmente a Cuba, adonde los dominicanos llevaron la cultura entonces superior de Santo Domingo: «para el Camagüey y Oriente —dice el escritor cubano Manuel de la Cruz— fueron verdaderos civilizadores». De las familias emigrantes proceden José María Heredia, el gran poeta de Cuba (y después su primo y homónimo el poeta cubano-francés) y Domingo del Monte, que presidió durante años, con su cultura amplísima, la vida literaria de Cuba. Nativos de Santo Domingo eran, entre los muchos hombres de letras que pasaron la mayor parte de su vida fuera de su patria, José Francisco Heredia (1776-1829), cuyas *Memorias sobre las revoluciones de Venezuela* (1810-1815) cuentan entre los mejores libros históricos del período de luchas en favor de la independencia de América (era el padre del «Cantor del Niágara»); Antonio del Monte y Tejada (1783-1861), que escribió con elegante estilo una *Historia de Santo Domingo* (I, La Habana, 1853; completa, Santo Domingo, 1890-1892); Esteban Pichardo (1799-c. 1880), geógrafo y lexicógrafo, autor del primero —y uno de los mejores— entre los diccionarios de regionalismos de América; Francisco Muñoz Del Monte (1800-c. 1865), poeta y ensayista de buena cultura filosófica; el naturalista Manuel de Monteverde (1795-1871), según el ilustre cubano Varona «hombre de estupendo talento y saber enciclopédico», que entre otras cosas escribió unas deliciosas cartas sobre el cultivo de las flores; Francisco Javier Foxá (1816-c. 1865), el primero en fecha entre los dramaturgos románticos de América, con *Don Pedro de Castilla* (1836) y *El templario* (1838): la noche del estreno del primer drama fue «célebre en Cuba como la del estreno del *Trovador en Madrid*»; José María Rojas (1793-1855), periodista y economista, fundador de una casa editorial en Caracas; José Núñez de Cáceres (1772-1846), jurista, periodista y poeta, que proclamó la independencia y presidió el Estado en 1821: había sido antes rector de la Universidad de Santo Tomás de Aquino. Contemporáneo de ellos es el egregio pintor Théodore Chassériau (1819-1856), nacido en Santo Domingo bajo la dominación española.

Cuando, después de 1844, la República Dominicana trata de organizarse y asentarse, la obra es lenta y solo empezará a dar frutos visibles treinta años después. La cultura se reconstruye poco a poco; le da grande impulso, desde 1880, con nuevas orientaciones, el eminente pensador puertorriqueño Eugenio María Hostos (1839-1903). La literatura había empezado a levantarse con Félix María del Monte (1819-1899), autor precisamente del *Himno de guerra contra los haitianos* (1844), poeta y orador. Tanto él como Nicolás Ureña de Mendoza (1822-1875) y José María González Santín (1830-1863) escriben con sabor y delicadeza sobre temas criollos, campesinos o urbanos (desde 1855). Javier Angulo Guridi

(1816-1884) introduce los temas indios con su drama *Iguaniona* (escrito en 1867) y su romance *Escenas aborígenes*, y los temas de la leyenda local con novelas como *La ciguapa* y *El fantasma de Higüey*. Su hermano Alejandro (1818-1906) escribió principalmente sobre temas filosóficos y políticos. Sobre todos ellos se destaca del Monte, con el extraño acento de sus versos de amor: la «Dolora», «Yo vi una flor en el vergel risueño»...; los sonetos que comienzan:

> ¿No hay en tu fosa suficiente hielo?
> ¿No hay en la eternidad bastante olvido?

las octavas «Tú que en los sueños de mi edad primera»...:

> Escucha, aquellos lazos que en La vida
> ligaron, a la tuya, extraña suerte,
> ya en su piedad los desató la muerte,
> purificando su abatido ser.
> Retornarás a mí: que en el espacio
> do flotan, sin chocarse, tantos mundos,
> sobreviven intensos y profundos
> los sentimientos del amor doquier.
>
> Sí, sobrenadan en la esencia pura
> que a modo de torrentes de armonía
> en piélagos de ardiente simpatía
> la atmósfera circundan del Señor...
> No se alza de la tierra ni un deseo
> que no haya bendecido el Hacedor...
>
> Ven a mí saturada de la glora
> en que nada tu espíritu divino...

Explícame esa ley aterradora
que a perseguir tu sombra me condena...

Aparecen muchos prosistas: como escritores políticos. Ulises Francisco Espaillat (1823-1878), gobernante ejemplar, Gregorio Luperón (1839-1897), Mariano Antonio Cestero (1838-1909); como historiador, el primero que trata de abarcar todo el pasado y el presente cercano del país, José Gabriel García (1834-1910); Fernando Arturo de Meriño (1833-1906), majestuoso orador sagrado, que fue presidente de la República (1880-1882) —como Espaillat y Luperón— y después arzobispo (1885); Emiliano Tejera (1841-1923), sabio investigador de la época colonial y del idioma indígena de la isla, con estilo puro y enérgico: en sus libros sobre el hallazgo de los restos de Colón en Santo Domingo (1877) hay páginas admirables de historia. El más puro hombre de letras es Manuel de Jesús Galván (1834-1910), autor de la gran novela histórica *Enriquillo*, escrita en prosa castiza, pulcra, de ritmo lento y solemne; ciñéndose unas veces a los hechos, otras innovando, da en amplio desarrollo el cuadro de la época de la conquista, desde la llegada de Ovando hasta la justa rebelión del último cacique de la isla, desde 1519 hasta 1533, año en que termina con generosa decisión de Carlos V.

Después de nuevos poetas estimables —Encarnación Echavarría de Del Monte (181-1890), Josefa Antonia Perdomo y Heredia (1834-1896), Manuel de Jesús de Peña y Reinoso (1834-1915), Manuel Rodríguez Objío (1838-1871)— aparecen José Joaquín Pérez (1845-1900) y Salomé Ureña de Henríquez (1850-1897), a quienes define así Menéndez Pelayo, el más grande de los críticos españoles: «Para encontrar verdadera poesía en Santo Domingo hay que llegar don José Joaquín Pérez y a doña Salomé Ureña de Henríquez; al autor de

"El junco verde", de "El voto de Anacaona" y de la abundantísima y florida "Quisqueyana", en quien verdaderamente empiezan las *Fantasías indígenas*, interpeladas con los "Ecos del destierro" y con las efusiones de "La vuelta al hogar"; y a la egregia poetisa que sostiene con firmeza en sus brazos femeniles la lira de Quintana y de Gallego, arrancando de ella robustos sones en loor de la patria y de la civilización, que no excluyen más suaves tonos para cantar deliciosamente "La llegada del invierno" o para vaticinar sobre la cuna de su hijo primogénito». En la obra de José Joaquín Pérez ocupa el centro la colección de *Fantasías indígenas* (1877), poemas narrativos unos, como «El junco verde» y «El voto de Anacaona», líricos otros, como el originalísimo «Areito de las vírgenes de Marién», en que el poeta transfigura la teogonía de los indios quisqueyanos apoyándose en los pobres datos del padre Román Pané. La «Quisqueyana» (1874), descripción de la naturaleza de la isla, podría servir como introducción a las *Fantasías*. Las poesías sueltas abarcan desde los «Ecos del destierro» (1872) y «La vuelta al hogar» (1874) hasta los «Contornos y relieves» (1897-1899) donde se advierte feliz contaminación de la poesía fin de siglo. «El nuevo indígena» (1898) es una imagen del nuevo hombre de América, que ya no es el español ni el indio, sino una nueva estirpe con espíritu nuevo. Salomé Ureña de Henríquez escribió menos: le dio fama su poesía civil (1873-1880), con que «voló a combatir contra la guerra» y levantó el espíritu de la nación hacia los ideales de paz y progreso; en «contagio sublime, muchedumbre de almas adolescentes la seguía». Cuando se convenció de que había pocas esperanzas de que mejorara pronto la vida pública, escribió la mejor de sus odas: «Sombras» (1881), y se dedicó a organizar la enseñanza superior de la mujer, bajo la orientación de Hostos. Al graduarse de maestras normales sus primeras discípulas —acontecimiento de gran resonancia en el país— compuso otra de sus mejores odas: «Mi ofrenda a la patria» (1887). Escribió, además, el poema «Anacaona», de asunto indígena (1880), y versos de hogar que tituló «Páginas íntimas».

A la misma generación pertenecen Francisco Gregorio Billini (1844-1898), escritor político y autor de la novela regional *Engracia y Antoñita* (1892); Federico Henríquez y Carvajal (n. 1848), orador, periodista y maestro, gran difundidor de cultura y de civismo; Francisco Henríquez y Carvajal (1859-1935), maestro y escritor político de severa doctrina, que, como Billini, ocupó la presidencia de la república (1916); César Nicolás Penson (1855-1901), el poeta del vigoroso cuadro «La víspera del combate» (1896) y el novelador de *Cosas añejas* (1891), relatos del pasado local; Federico García Godoy (1857-1924), autor de tres novelas históricas sobre los comienzos de la vida independiente del país *Rufinito* (1908), *Alma dominicana* (1911), *Guanuma*, y crítico de amplia cultura literaria y filosófica en La hora que pasa (1910) y *Páginas efímeras* (1912); los poetas Enrique Henríquez (1859-1940) y Emilio Prud'homme (1856-1933); los historiadores Apolinar Tejera (1855-1922) y Casimiro Nemesio de Moya (1849-1915), investigadores del pasado colonial.

Aparece después Gastón Fernando Deligne (1861-1913), el más original de los poetas dominicanos, tanto en sus temas como en su forma, nueva siempre en sus expresiones eficaces. Desde temprano reveló su tendencia filosófica en composiciones como «Valle de lágrimas». Para él, como para Browning, todo es problema: la estructura de sus mejores poemas es la del proceso espiritual que se bosqueja con brevedad, se desenvuelve con amplitud, culmina con golpe resonante, y se cierra, según la ocasión, rápida o lentamente, en síntesis de intención filosófica. El procedimiento comienza en historias de almas de mujer («Angustias», 1885; «Soledad», 1887; «Confidencias de Cristina», 1892), y después se aplica a casos variadísimos: el chatria que en el choque con la vida aprende a despreciarla y se acoge al nirvana («Aniquilamiento», 1895); la poetisa que se consagra al bien de la patria y mantiene «de una generación los ojos fijos en el grande ideal» («¡Muerta!», 1897); el tirano que después de hacerse «dueño de todo y de todos» tropieza con la venganza popular («Ololoi», 1899); Jove Capitolino, que ve a la humanidad perder sus antiguas y sus nuevas creencias, y para consolarla le lleva el Pegaso y la Quimera («Entremés olímpico», 1907); singular entre todas, la historia de la choza abandonada y en ruinas que las plantas silvestres asaltan y convierten en tupida masa de flores («En el botado», 1897). Además, con sus versos sobre tema político («Ololoi», «Del patíbulo») se convirtió en poeta nacional de nuevo tipo: no poeta heroico, ni poeta civil, sino poeta que medita sobre los problemas de la patria.

Rafael Alfredo Deligne (1863-1902) fue ensayista a la manera antigua, que divaga sobre todos los temas que se le vienen a la pluma («Cosas que fueron y cosas que son»), prosista de estilo muy suyo, y a la vez poeta de imaginación y sensibilidad en «Ella», «Nupcias», «Por las barcas».

Contemporáneos de los Deligne son Arturo Pellerano Castro (1865-1916), poeta desigual, pero con notas vívidas en *Americana* (1896), «En el Cementerio», «Funeraria», «¿Que se ha muerto el avaro?...», «No quieras penetrar nunca en su alma...» y en sus *Criollas* (1907), de rico sabor nativo; Virginia Elena Ortea (1866-1903), poetisa y escritora de estilo claro y terso, muy femenino, tan libre de afectación como de trivialidad, que al menos dejó una página de prosa de finas cadencias «En la tumba del poeta», y un cuento perfecto en su tipo: «Los Diamantes»; el novelador y cuentista José Ramón López (1866-1922), que trató asuntos criollos del norte del país (Nisia, 1898; *Cuentos puertoplateños*, 1904); el orador y periodista Eugenio Deschamps (1861-1919); el poeta Bartolomé Olegario Pérez (1871-1900).

Escritores y poetas distinguidos que actualmente producen y publican son Américo Lugo (n. 1871), Fabio Fiallo (n. 1866), Andrejulio Aybar (n. 1873), Tulio Manuel Cestero (n. 1877). No pertenecen, pues, a la historia. Y, salvo una que otra excepción —la principal es Apolinar Perdomo (1883-1918), muy popular por sus delicados versos de amor— las generaciones posteriores a 1880 se mantienen completas. La gente de letras tiene larga vida, y ni siquiera en el trópico se quiebra la norma.

Libros a la carta

A la carta es un servicio especializado para
empresas,
librerías,
bibliotecas,
editoriales
y centros de enseñanza;
y permite confeccionar libros que, por su formato y concepción, sirven a los propósitos más específicos de estas instituciones.

Las empresas nos encargan ediciones personalizadas para marketing editorial o para regalos institucionales. Y los interesados solicitan, a título personal, ediciones antiguas, o no disponibles en el mercado; y las acompañan con notas y comentarios críticos.

Las ediciones tienen como apoyo un libro de estilo con todo tipo de referencias sobre los criterios de tratamiento tipográfico aplicados a nuestros libros que puede ser consultado en Linkgua-ediciones.com.

Linkgua edita por encargo diferentes versiones de una misma obra con distintos tratamientos ortotipográficos (actualizaciones de carácter divulgativo de un clásico, o versiones estrictamente fieles a la edición original de referencia).

Este servicio de ediciones a la carta le permitirá, si usted se dedica a la enseñanza, tener una forma de hacer pública su interpretación de un texto y, sobre una versión digitalizada «base», usted podrá introducir interpretaciones del texto fuente. Es un tópico que los profesores denuncien en clase los desmanes de una edición, o vayan comentando errores de interpretación de un texto y esta es una solución útil a esa necesidad del mundo académico.

Asimismo publicamos de manera sistemática, en un mismo catálogo, tesis doctorales y actas de congresos académicos, que son distribuidas a través de nuestra Web.

El servicio de «libros a la carta» funciona de dos formas.

1. Tenemos un fondo de libros digitalizados que usted puede personalizar en tiradas de al menos cinco ejemplares. Estas personalizaciones pueden ser de todo tipo: añadir notas de clase para uso de un grupo de estudiantes, introducir logos corporativos para uso con fines de marketing empresarial, etc. etc.

2. Buscamos libros descatalogados de otras editoriales y los reeditamos en tiradas cortas a petición de un cliente.

www.ingramcontent.com/pod-product-compliance
Ingram Content Group UK Ltd.
Pitfield, Milton Keynes, MK11 3LW, UK
UKHW042009190726
13854UKWH00005B/2221